वैज्ञानिक
जगदीश चंद्र बसु
के महान् विचार

वैज्ञानिक
जगदीश चंद्र बसु
के महान् विचार

(लेखों और भाषणों का संग्रह)

सावन कुमार बाग • डॉ. मेहेर वान

प्रकाशक • प्रभात प्रकाशन प्रा. लि.
4/19 आसफ अली रोड,
नई दिल्ली-110002

संस्करण • 2024
मूल्य • चार सौ रुपए
मुद्रक • आर-टेक ऑफसेट प्रिंटर्स, दिल्ली

VAIGYANIK JAGDISH CHANDRA BASU KE MAHAN VICHAR
by Shri Saawan Kumar Bag • Dr. Meher Wan ₹ 400.00
Published by Prabhat Prakashan Pvt. Ltd., 4/19 Asaf Ali Road, New Delhi-2
e-mail: prabhatbooks@gmail.com ISBN 978-93-5562-018-7

सत्यमेव जयते
प्रो. आशुतोष शर्मा
Prof. Ashutosh Sharma

सचिव
भारत सरकार
विज्ञान एवं प्रौद्योगिकी मंत्रालय
विज्ञान एवं प्रौद्योगिकी विभाग
Secretary
Government of India
Ministry of Science and Technology
Department of Science and Technology

प्राक्कथन

आधुनिक भारत में जब पुनर्जागरण पर चर्चा होती है तो अकसर पुनर्जागरण के सामाजिक और सांस्कृतिक पहलुओं पर चर्चा होती है। अगर भारत में वैज्ञानिक पुनर्जागरण के बारे में विचार-विमर्श किया जाए तो जगदीश चंद्र बसु आधुनिक भारत में वैज्ञानिक पुनर्जागरण के प्रणेता के रूप में दृष्टिगोचर होते हैं। उन्होंने आधुनिक विज्ञान पर अंग्रेजी बोलबाले को चुनौती देते हुए भारत में न सिर्फ विज्ञान के सभी क्षेत्रों में क्रांतिकारी शोध किया, बल्कि देश में नए वैज्ञानिकों की एक ऐसी पीढ़ी तैयार की, जिसने दुनिया में भारतीय मेधा को नई ऊँचाइयाँ दीं। भारत की तत्कालीन युवा पीढ़ी में विज्ञान के प्रति आकर्षण पैदा करने में जगदीश चंद्र बसु का योगदान अग्रगण्य है।

जगदीश चंद्र बसु ने विज्ञान और वैज्ञानिक खोजों को प्रयोगशाला से बाहर लाकर आम जनता तक पहुँचाया। उनके द्वारा नवंबर 1895 में कलकत्ता के टाउन हॉल में तत्कालीन लेफ्टिनेंट गवर्नर सर विलियम मैकेंजी की उपस्थिति में सैकड़ों की संख्या में उपस्थित आम जनता के समक्ष बेतार संचार प्रणाली का प्रदर्शन किया गया था, जिसमें उन्होंने अदृश्य तरंगों की सहायता से दीवार के उस पार रखी एक घंटी को बजाया था और दूर रखी पिस्तौल से गोली भी चलाई थी। तब तक मार्कोनी ने बेतार संचार-प्रणाली के लिए अपने पेटेंट का प्रार्थनापत्र दाखिल भी नहीं किया था।

विज्ञान सिर्फ सत्य की खोज नहीं, बल्कि किसी विकसित समाज तथा जाति की सामूहिक प्रगति और विकास का जीता-जागता इतिहास है। जगदीश चंद्र बसु के बास सत्येंद्र नाथ बोस, मेघनाद साहा, रामानुजन, सी.वी. रमन जैसे विज्ञानियों ने जहाँ मूलभूत विज्ञान में युगांतकारी आविष्कार किए, वहीं आजादी

के बाद स्थापित आई.आई.टी, आई.आई.एस.ई.आर., सी.एस.आई.आर. और आई.एस.आर.ओ. आदि संस्थानों ने स्वदेशी तकनीक एवं विज्ञान के विकास का कार्य आगे बढ़ाया। भारतीय नाभिकीय मिशन से शुरुआत करके हाल में जी.एस.एल.बी.एम.के.-III तक भारत ने पश्चिमी तकनीक के ऊपर निर्भरता कम करके वैश्विक विज्ञान में खुद को आत्मनिर्भर बनाने के लिए कदम आगे बढ़ाया है। आज अंतर-विषयक शोध (Interdisciplinary Research) की महत्ता, सामाजिक विकास में विज्ञान की भूमिका, वैज्ञानिक जीवनयापन-शैली आदि बहुत ही सामान्य और चर्चित लग सकते हैं; लेकिन आज से 100 साल पहले जब आधुनिक भारतीय विज्ञान अपनी शैशवास्था में था, तब जगदीश चंद्र बसु के द्वारा साझा किए गए विचार, अनुभव या सिद्धांत उन्हें एक स्वप्नद्रष्टा के रूप में स्थापित करते हैं। वर्तमान समय में जब भारतीय विज्ञान हर क्षेत्र में कीर्तिमान स्थापित कर रहा है, तब उन अनुभवों/विचारों को जानना और उनसे सीख लेना बहुत लाभप्रद हो सकता है।

बांग्ला भाषा में पहली विज्ञान-कथा लिखने का श्रेय भी जगदीश चंद्र बसु को जाता है। उनकी विज्ञान-कथा 'निरुद्देश्य कहिनी' (The Story of missing one) सन् 1896 में प्रकाशित हुई थी। उन्होंने अपनी मातृभाषा में विज्ञान के प्रचर-प्रसार की न सिर्फ भरपूर वकालत की, बल्कि इस दिशा में युगप्रवर्तक प्रयास भी किए। जगदीश चंद्र बसु न्यूनतम तकनीकी सुविधाओं और स्वनिर्मित उपकरणों के साथ काम करते रहने के बावजूद वैज्ञानिक सफलता के शिखर पर पहुँचने का एक बेहतरीन उदाहरण हैं।

जगदीश चंद्र बसु के संघर्ष को करीब से देखने वाले रवींद्रनाथ टैगोर की जगदीश चंद्र बसु की प्रशंसा में लिखित पंक्तियाँ स्मरणीय हैं—

पश्चिम में विज्ञान के मंदिर से,
सिंधु नदी से बहुत दूर,
मेरे मित्र, तुम लाए हो
विजय के फूल
गरीब माँ के सिर को
सजाने के लिए,

आज, माँ ने अपना आशीर्वाद
अज्ञात कवि के
आँसुओं के शब्दों के रूप में भेजा है..

(रवींद्र नाथ टैगोर द्वारा जगदीश चंद्र बसु को समर्पित एक कविता के अंश)

जगदीश चंद्र बसु द्वारा प्रस्तुत विचारों, नवप्रवर्तक विमर्शों और अनुभवों के संकलन वाली यह पुस्तक अभी तक सिर्फ बांग्ला भाषा में उपलब्ध थी, इसलिए बहुत से लोग इन सारे विचारों से अनजान थे। सावन कुमार बाग और नेहेर वान के द्वारा किया गया यह हिंदी अनुवाद तमाम जिज्ञासु लोगों को जगदीश चंद्र बसु के अमूल्य अनुभवों को जानने का अवसर प्रदान कर सकेगा।

(आशुतोष शर्मा)

प्रस्तावना

अव्यक्त का अर्थ है, जो व्यक्त नहीं किया जा सकता। जीवन में ऐसी अनेक अनुभूतियाँ हैं, जिन्हें भाषा में व्यक्त करना हमारे लिए संभव नहीं है। यह अव्यक्त भावनाएँ कोई कलाकार कभी अपनी कला के द्वारा प्रकट करता है तो यह कभी कविता या साहित्य, कभी चित्रकारी या किसी अन्य कलाओं के रूप में जन्म लेती हैं। जीवन के इन छुपे हुए अहसासों को व्यक्त करना जैसे इन कलाकारों का काम है, ठीक वैसे ही इस ब्रह्मांड के अनगिनत छुपे हुए सत्यों को खोज करना वैज्ञानिकों का काम होता है। विश्व के इतिहास में बहुत से विज्ञानियों ने इन सत्यों की खोज करने और इन खोजे हुए सत्यों को जनमानस तक पहुँचाने के लिए अपना सारा जीवन न्योछावर किया है। भारत की मानस भूमि में जनमे जितने विज्ञानियों ने भारत का सिर सारी दुनिया में ऊँचा किया है, उनमें जगदीश चंद्र बसु का नाम स्वर्णाक्षरों में लिखा जाता है। जगदीश चंद्र बसु के दिखाए हुए रास्ते पर चलते हुए उनके बाद बहुत से विज्ञानियों ने वैज्ञानिक सत्य की खोज का काम आगे बढ़ाया और यह काम आज भी जारी है।

इस किताब के शीर्षक की तरह जगदीश चंद्र बसु का शोध भी उन अव्यक्त, न देखी-कही जा सकनेवाली चीजों को लेकर था, जिनकी खोज ने विज्ञान की दुनिया में एक बहुत गहरा प्रभाव छोड़ा। रेडियो तरंगों से शुरुआत करके पादप विज्ञान तक विभिन्न वैज्ञानिक क्षेत्रों में जो युगांतकारी खोजें उन्होंने की थीं, उनके बारे में हम सब जानते ही हैं। लेकिन उन्होंने सिर्फ ये आविष्कार या खोज ही नहीं किए, वे इन खोजों को जनमानस तक पहुँचाने में भी तत्पर थे।

आज से सौ साल पहले के समय में भी जगदीश चंद्र बसु ने यह समझा था

कि आम जनमानस में विज्ञान का प्रचार और जनता की विज्ञान के प्रति सचेतनता कितनी जरूरी है।

इस प्रचार-प्रसार की प्रक्रिया में उन्होंने मातृभाषा पर जोर दिया था। मातृभाषा में विज्ञान के प्रसार के द्वारा उन्होंने देश में विज्ञान संचेतना का जो काम शुरू किया था, वह जगदीश चंद्र बसु को वैज्ञानिक जगत् में एक अलग स्थान देता है। विज्ञान की सहायता से देश कैसे अपने पैरों पर खड़ा हो सकता है, विज्ञान के विकास के साथ कैसे देश का विकास हो सकता है, विज्ञान के नए सिद्धांतों को जनमानस में प्रचारित करके एक समाज के मानसिक स्तर का विकास कैसे हो सकता है, इन सब मुद्दों के ऊपर अपनी मातृभाषा बांग्ला में उन्होंने कई लेख लिखे और इन विषयों को अपने प्रमुख भाषणों का केंद्रबिंदु बनाया।

उन सब लेखों और भाषणों को एक सूत्र में बाँधकर बनाई गई किताब 'अव्यक्त' पहली बार सन् 1921 में बांग्ला भाषा में प्रकाशित हुई थी। सन् 1894 से उन्होंने वैज्ञानिक लेख लिखना शुरू किया था, जब वे प्रेसिडेंसी विश्वविद्यालय में अध्यापक के रूप में अपने शोध में व्यस्त थे। इन लेखों में ज्यादातर उस समय की बांग्ला पत्रिकाओं में प्रकाशित हुए थे। जबकि 'नवीन और प्रवीण', 'बोधन', 'विज्ञान और साहित्य' ये तीन लेख उनके विभिन्न भाषणों का रूपांतर हैं। अपने जीवन के अलग-अलग समय में लिखे गए, इन लेखों में उन्होंने जीवन की काफी अभिज्ञता के साथ-साथ अपने वैज्ञानिक आविष्कारों और खोजों, वैज्ञानिक इतिहास, भारत में विज्ञान संचार की जरूरत, पश्चिम और पूर्व में ज्ञान का अंतर, प्रतिभा पलायन, प्रायोगिक विज्ञान की महत्ता और अंत:विषयों (Interdisciplinary) के शोध के ऊपर जिन भी बातों की चर्चा की है, वह आज के समय में भी उतनी ही प्रासंगिक है, जितनी उस समय थी। यहाँ तक कि उन बातों/तर्कों की प्रासंगिकता आज और अधिक स्पष्ट और सटीक अर्थों में महसूस होती है।

ब्रिटिश राज में अपना पूरा जीवन बितानेवाले बसु सिर्फ विज्ञान की चर्चा ही नहीं करते, उसके साथ-साथ ब्रिटिश सत्ता के अन्याय के खिलाफ भी बहुत बार अपनी आवाज उठाते हैं। भारत के युवावर्ग को उन्होंने अपने त्याग और निष्ठा के द्वारा इस गुलामी से निकलने और अपने पैरों पर खड़े होने का आह्वान किया था। वे मानते थे कि युवा शक्ति ही भारत का खोया हुआ गौरव लौटा सकती है। उस

समय का भारत, जोकि पश्चिम के ऊपर निर्भर था, सच्चे मायनों में बोल और श्रद्धा से एक दिन वह हर क्षेत्र में दुनिया में अपनी एक जगह बनाएगा, यह उनका दृढ़ विश्वास था। उनके बहुत सारे लेखों में इन सारी बातों का जिक्र मिलता है। जो बातें उन्होंने उस समय बोली थीं, आज वे हम सब वास्तव में प्रत्यक्ष पाते हैं।

अंत:विषयी शोध केंद्र की स्थापना, स्वदेशी तकनीक के ऊपर जोर, भारतीय भाषाओं में विज्ञान का प्रचार जैसे काफी प्रयास आज देखने को मिलते हैं। जगदीश चंद्र बसु पहले वे इनसान थे, जिन्होंने बांग्ला भाषा में पहली विज्ञान गल्प कहानी लिखी थी। इस कहानी का शीर्षक 'निरुद्देशेर कहिनी' था, जिसका मतलब होता है—'बिना उद्देश्य की कहानी', यह बाद में 'फरार तूफान' के नाम से प्रकाशित की गई। महान् वैज्ञानिक आइंस्टाइन ने कहा था, "यदि आप किसी विषय को सरल भाषा में नहीं समझा सकते तो शायद आप उस विषय को खुद ही ठीक तरह से नहीं समझते।" जगदीश चंद्र बसु ने अपने इन लेखों में अपने विषय के बारे में इतनी आसानी से समझाया है कि अपने में ही वह चमत्कृत करता है। सिर्फ वैज्ञानिक विषय ही नहीं, उसके साथ-साथ जीवन की अलग-अलग अनुभूतियों को भी जैसे उन्होंने विज्ञान के साथ जोड़ा है, उससे यह समझ आता है कि विज्ञान की समझ उनमें स्वयं कितनी ऊँची थी। बांग्ला में लिखी गई इस पुस्तक के कुछ लेख अलग-अलग समय काल में विभिन्न विश्वविद्यालयों और स्कूलों के कोर्स में भी पढ़ाए गए। आज 2021 में जब हमारा देश स्वदेशी तकनीक का इस्तेमाल करके विश्व विज्ञान में अपनी जगह बुलंद कर रहा है, जब भारत तथा सारी दुनिया में अंत:विषयी विज्ञान का बोलबाला है, उस समय अंत:विषयी वैज्ञानिक शोध के भारत के पहले पथ-प्रदर्शक जगदीश चंद्र बसु की यह पुस्तक एक प्रेरणास्रोत है। बांग्ला साहित्य की वैज्ञानिक संपदा स्वरूप इस पुस्तक का हिंदी में अनुवाद इसी उद्देश्य से किया गया है कि जगदीश चंद्र बसु के जीवन-दर्शन और विज्ञान आम लोगों तक पहुँच सकें। सन् 2021 में 100 वर्ष पूरे करनेवाली इस पुस्तक को हिंदी के पाठकों तक पहुँचाने का प्रयास महान् जगदीश चंद्र बसु के सपनों को हमारी श्रद्धांजलि है।

—सावन कुमार बाग

—मेहेर वान

कथारंभ

भीतर और बाहर के उकसावे में जीव कभी शोर करता है और कभी आर्तनाद करता है। आदमी माँ की कोख में जो भाषा सीखता है उसी भाषा में अपना सुख-दुःख प्रकट करता है। लगभग तीस साल पहले मैंने कुछ वैज्ञानिक और अन्य प्रबंध मातृभाषा में ही लिखे थे। उसके बाद मैंने विद्युत् तरंगों और जीवन संबंधी अनुसंधान शुरू किया था और इसी के कारण, मैं विभिन्न मामलों और मुद्दों-मुकदमों में उलझा हुआ हूँ। इन विषयों के बारे में विदेशी अदालत में वाद-विवाद सिर्फ विदेशी भाषाओं में ही स्वीकार्य होता है। इस देश में काउंसिल की राय न मिलने तक किसी भी मामले का अंतिम हल नहीं निकल पाता है।

जातीय जीवन के पक्ष में इससे ज्यादा अपमान की बात और क्या हो सकती है? इनको निबटाने के लिए इस देश में वैज्ञानिक अदालत स्थापित करने के प्रयास किए थे। इनका फल शायद मैं इस जीवन में नहीं देख पाऊँगा; प्रतिष्ठित विज्ञान मंदिर का भविष्य भगवान् के हाथ में है।

मित्रगणों के अनुरोध पर निबंधों को एक पुस्तक आकार में प्रकाशित कर रहा हूँ। चारों दिशाओं में व्याप्त यह जो अव्यक्त जीवन विस्तृत है, उसकी दो-एक कहानियाँ वर्णित हैं। इसके अंदर कुछ-कुछ आलेख मुकुल, दासी, प्रवासी साहित्य, और भारतवर्ष में प्रकाशित हुए थे।

—जगदीश चंद्र बसु
बसु विज्ञान मंदिर
पहला बैसाख, 1328 (बंगाली साल)

अनुक्रम

करबद्ध प्रार्थना

अतीत से ही वर्तमान बना है, अतीत का इतिहास यदि ज्ञात न हो तो वर्तमान और भविष्य भी अज्ञेय रह जाएँगे। प्राचीन इतिहास की खोज करने के लिए उस समय के सर्वसाधारण का दैनिक जीवन कैसे चलता था, यह जानना आवश्यक है। लोक-परंपरा में मैंने सुना था कि डेढ़ हजार साल पहले का जीवंत-चित्र अभी भी अजंता की गुफाओं में देखा जा सकता है। आजकल वहाँ जाने का रास्ता बहुत आसान हो गया है; लेकिन बहुत साल पहले जब अजंता देखने गया था, तब रास्ता जैसा बहुत-कुछ था नहीं। रेलवे स्टेशन से लगभग एक दिन का रास्ता था। वाहन के रूप में बैलगाड़ी थी। बहुत कष्ट के बाद अजंता पहुँचा, जाते वक्त पर्वतीय नदी पार करते हुए देखा कि कई गुफाओं को पर्वत काटकर बनाया गया है। अंदर की वास्तुकला उत्कृष्टता से परे है। गुफा की दीवार और छत में बहुत सारी चित्रकलाएँ बनाई गई हैं; इतने वर्षों के बाद भी ये जीर्ण नहीं हुई हैं। दरबार के चित्र में देखा, फारस के देश से दूत राज-दर्शन में आए हैं। दूसरी जगह भयंकर युद्ध का चित्र है। उसकी एक दिशा में अस्त्र-शस्त्र पहने हुए नारी-योद्धा युद्ध कर रही हैं। किसी और एक कोने में देखा, दो बादल दो दिशाओं से आकर उलझ गए हैं। घूमते हुए बहुत सारे बादलों में एक मूर्ति उभरकर आई है, जोकि अपने साथ भीषण युद्ध में जूझ रही है। यह द्वंद्व सृष्टि के प्रारंभ से शुरू हुआ था, अभी भी चल रहा है और भविष्य में भी चलेगा। प्रकाश और अंधकार, ज्ञान और अज्ञान, धर्म और अधर्म परस्पर प्रतिद्वंद्वी हैं। जब सूरज सात घोड़ों से सजे हुए रथ में सवार होकर समुद्र गर्भ से पूर्व दिशा से उगेगा, तब अंधकार पराजित होकर पश्चिम गगन में मिलकर गायब हो जाएगा।

एक अन्य चित्र में राजकुमार महल में जनता का निरीक्षण कर रहे हैं। व्याधि से जूझ रहे शोकाकुल मनुष्य के दुःख ने उनके हृदय को चीर दिया है। यह दुःखपाश किस तरह से छिन्न-भिन्न होगा, राजा आज राज्य और धन-धान्य का परित्याग करके इसकी खोज में बाहर जाएँगे। आज महासंक्रमण का दिन है।

अर्ध-अंधकार में ढके हुए गुफा मंदिर को बाहर आकर देखा, पर्वत की सतह पर प्रशांत बुद्ध की मूर्ति खोदकर बनाई हुई है। सुख-दुःख का अतिक्रमण करके शांति का पथ उनकी साधना के फलस्वरूप खुल गया है।

सामने जितनी दूर तक दिखाई देता है, उतनी दूर तक किसी भी जनमानस का चिह्न नहीं दिखता। जंगल दूर-दूर तक सुनसान है। अतीत और वर्तमान में न पाटा जा सकनेवाला फासला है, पार करने के लिए कोई सेतु नहीं है। गुफा के अंधकार में जो देखा था, वह जैसे कोई स्वर्गलोक है। अशांत हृदय के साथ घर लौटा। इसके कुछ साल बाद संभ्रांत राजा के दरबार से निमंत्रण मिला था। वहाँ पर बहुत से चित्र थे; बेमन से देखते-देखते अचानक एक चित्र देखकर चौंक गया। यह चित्र तो पहले भी देखा है—वह गुफा मंदिर की 'प्रशांत बुद्ध' मूर्ति थी! चित्र में और भी कुछ था, जोकि पहले नहीं देखा था। मूर्ति के नीचे ही पत्थर के ऊपर एक बच्चा निद्रा में लेटा है, पास में उसकी माँ हाथ जोड़कर हाथ ऊपर करके पुत्र के मंगल के लिए बुद्ध के पास आशीर्वाद की भीख माँग रही है। जिसने सारे जीवों के दुःख का भार ग्रहण किया था, वही माँ का दुःख दूर करेंगे। मन की आँखों से एक और दृश्य देखा। बोधिवृक्ष के नीचे उपवास करते हुए मूर्च्छित गौतम दिखे। दुष्टजन देखकर सुजाता माँ का हृदय उद्वेलित हो उठा। देखते-देखते अतीत और वर्तमान के बीच में ममता और स्नेह से रचे हुए एक सेतु की स्थापना हुई एवं अतीत और वर्तमान का फासला खत्म हो गया।

मेरे पास में बैठा हुआ एक विदेशी बोला, 'देखो, देवता का मुख कितना निर्मम है, एक ओर माता का इतना आग्रह है, स्तुति है, लेकिन देवता केवल निश्चल दृष्टि से देख रहे हैं! यह अबोध नारी पत्थर की मूर्ति के मुख पर कैसे करुणा देख पा रही है?'

तब प्रकृति के उपासक ज्ञानी लोगों की बात याद आई। इस अबोध माता और अज्ञातवादी वैज्ञानिकों के बीच में इतना ही प्रभेद है?

प्रकृति क्या क्रूर नहीं है? उसकी अकाट्य, लोहे की तरह कठिन नियम-शृंखला में कितने लोग ममता देख पाते हैं? अनंत शक्तिचक्र जब हठ-वेग से आगे बढ़ता है, तब उसके द्वारा पाले हुए जीव-जंतुओं को कौन बचा लेता है?

सब लोग प्रकृति के हृदय में माँ का प्यार नहीं देख पाते हैं। हम जो देखते हैं, वह हमारे मन का ही प्रतिबिंब है। जिसके ऊपर दृष्टि पड़ती है, वही दिखता है। असली प्रतिबिंब केवल शांत गहरे जल में देखने को मिलता है। व्यथित जलराशि की तरह हमेशा व्यग्र हृदय में कैसे निश्चल प्रतिमूर्ति प्रतिबिंबित होगी?

जिसकी इच्छा के अनुरूप तूफान से अनंत-सागर क्रोधित होता है, केवल उसकी आज्ञा से ही जलधि शांतिमय मूर्ति धारण करती है। कौन बोलेगा कि इस अबूझ माता का हृदय एक शांतिमय हाथ के स्पर्श से पिघला नहीं? हम जो देख नहीं पाते, संतान के वात्सल्य में अभिभूत ध्यानशील माता वह देख पाती है। उसके निकट इस पत्थर की मूर्ति के पीछे स्नेहमयी जगद्जननी की मूर्ति प्रतिभाषित है! देखते-देखते मेरे मन में आया कि कैसे ऊपर से अमृत की खीर-धारा माता और संतान के ऊपर गिरकर उनको शुभ्र और पवित्र कर रही है। कई बार यह अपूर्णता आकर पृथ्वी के सौंदर्य और हरियाली का अपहरण कर लेती है। प्रकाश एवं अंधकार, सुख और दुःख में मिला हुआ यह दृश्य असामंजस्य के कारण अशांतिपूर्ण होता है, लेकिन प्रकाश और अंधकार के समावेश के बिना अच्छा चित्र नहीं बनता। केवल प्रकाश या केवल अंधकार का चित्र अपरिपुष्ट होता है। जिन दृश्यों के बारे में बताया है, उनकी तरह जीवनचित्र भी कई बार सौंदर्यविहीन होता है। उस चित्र की तरह एक बच्चा या एक नारी के उठे हुए हाथों में समस्त दृश्य परिवर्तित हो जाता है। प्रकाश और छाया का सुख एवं अपरिहार्य दुःख तब उसके मूल निवास पर एकरूप हो जाता है। तब इन दो उठते हुए हाथों को जोड़कर सूर्य की किरणें अंधकार को चीरकर समस्त दृश्य को प्रकाशवान करती हैं।

□

अंतरिक्ष स्पंदन और अंतरिक्ष में संभव जगत्

दृश्य जगत् मिट्टी, पानी, प्रकाश, वायु और आकाश से बना हुआ है। काल्पनिक अर्थों और कहानियों में ऐसा बोला जा सकता है। इस जगत् की असंख्य घटनावलियों के पीछे तीन कारण मौजूद हैं—पहला, पदार्थ; द्वितीय, शक्ति; और तृतीय, अंतरिक्ष।

पदार्थ तीन अवस्थाओं में देखा जाता है। ठोस अर्थात् कठोर रूप, द्रव यानी जलरूप और वायु में अर्थात् मारुति रूप में। जड़ पदार्थ हमेशा शक्ति अथवा प्रकाश द्वारा स्पंदित हो रहे हैं। यह महाजगत् अंतरिक्ष में तैर रहा है। अंतरिक्ष में महाशक्ति अनंतचक्र में निरंतर आंदोलित होती रहती है। उसके बल पर असीम अंतरिक्ष में विश्वजगत् भ्रमण कर रहा है, यह उभरकर आ रहा है एवं फिर से डूबा जा रहा है।

सबसे पहले देखते हैं कि शक्ति किस प्रकार एक स्थान से दूसरे स्थान तक संचालित होती है।

रेलवे स्टेशन का संकेत स्तंभ सबने देखा है। एक दिशा में डोर से बँधे होने की वजह से दूसरे ओर का लकड़ी का टुकड़ा संचालित होता है।

इस तरह से दूसरे तरीकों से भी शक्ति को एक स्थान से दूसरे स्थान तक संचालित होते हुए देखा जाता है। नदी के ऊपर जब जहाज चलता है; दिशासूचक (हल) के आघात से जल, तरंग के आकार में बिखरकर नदी तट पर बार-बार आघात करती है। इस तरीके से हल के द्वारा किया गया आघात तरंग के बल से दूर तक चला जाता है।

संगीतकार की उँगली की हरकत से सांगीतिक वाद्ययंत्र स्पंदित होता है। यह स्पंदन वायु में तरंग उत्पन्न करता है। शब्दज्ञान भी वायु तरंग में आघात से ही जन्म लेता है।

वाद्ययंत्र के इतर भी सामान्यत: अनेक सुर सुने जाते हैं। वायु के कंपन से पेड़ के पत्ते के गिरने, जल की बूँदों के गिरने, समुद्र के किनारे पर आकर टकराती हुई लहरों के ऐसे बहुत से सुर सुने जा सकते हैं।

सितार का तार जितना छोटा करते जाते हैं, उसका सुर उतना ही ऊँचा हो जाता है। जब प्रति सेकंड में वायु तीस हजार बार काँपती है, तब कानों में असहनीय बहुत ऊँचा सुर सुनाई देता है। तार और भी छोटा करते जाने से अचानक सब थम जाता है। तार तब भी काँपते रहते हैं, तब भी तरंग उत्पन्न होती रहती हैं; लेकिन ये ऊँचे सुर कान में ध्वनि उत्पन्न नहीं करते।

कौन है, जो यह सोच सकता है कि शत-प्रतिशत ध्वनि कान में प्रवेश कर रही है और हम सुन भी नहीं पा रहे हैं? घर के अंदर और बाहर असंख्य (अनंत) संगीत गाया जा रहा है; लेकिन वह हमारे श्रवण यानी सुनने की क्षमता के परे है।

जड़ पदार्थ यानी निर्जीव के कंपन और तरंग से जो सुर उत्पन्न होता है, उसकी बात मैंने की। इसी तरह अंतरिक्ष में भी असंख्य तरंगें उत्पन्न हो रही हैं। उँगलियों की हरकत से उत्पन्न हुई तरंगें पहले वाद्ययंत्र में, फिर वायु में उत्पन्न होती हैं, विद्युत् के कंपन से आकाश में विद्युत् तरंगों का जन्म होता है। वायु में पैदा हुई तरंग हम कान से सुनते हैं, अंतरिक्ष की तरंगें हम अकसर आँखों के जरिए देखते हैं।

जिस प्रकार वायु की तरंगों को हम हमेशा सुन नहीं पाते, वैसे ही अंतरिक्ष की तरंगें भी हम हमेशा देख पाने में अक्षम हैं।

धातु के दो गोलकों को विद्युत् यंत्र के साथ जोड़ने से गोलक पर बार-बार आवेश उत्पन्न हो जाता है एवं विद्युत् बल के कारण चारों तरफ आकाश में तरंगें फैलने लगती हैं। तार छोटा करने की तरह दोनों गोलकों को छोटा करते जाने से सुर ऊँचा उठेगा। इसी तरह हर पल में सैकड़ों कंपन से लाख-लाख और लाख-लाख से करोड़ों-करोड़ कंपन उत्पन्न होंगे।

मान लो, अँधेरे में डूबे घर में अदृश्य शक्तिबल के कारण वायु बार-बार टकरा रही है। कुछ भी दिख नहीं रहा है, केवल निःस्तब्धता चीरकर गहरी ध्वनि कान में प्रवेश कर रही है। कंपन की संख्या प्रतिपल जितना बढ़ेगी, सुर उतना ही ऊँचा उच्चतम सप्तक सुर में पहुँचता जाएगा। अंततः यह अचानक कान को चीरता हुआ सुर बंद होकर शांति में परिवर्तित हो जाएगा। इसके बाद लाख-लाख तरंग-खंड से कान में आघात करने के बाद भी हम कुछ नहीं जान पाएँगे।

अभी विद्युत् बल के जरिए आकाश में तरंगें उत्पन्न करके देखते हैं; लाखों से भी अधिक तरंगें हर समय चारों दिशाओं में फैल रही हैं। हम लोग इन तरंगों से आंदोलित सागर में डूबकर भी अप्रभावित रहेंगे। सुर लगातार ऊँचे से भी ऊँचे होते जाते हैं। जब हर सेकंड में करोड़ों तरंगें उत्पन्न होंगी, तब अचानक सोई हुई इंद्रियाँ जाग उठेंगी, जिस्म गरमी का अनुभव करेंगे। सुर और ऊँचे होते जाने के बाद जब अनगिनत तरंगें उत्पन्न होंगी, अँधेरा चीरकर लालिमा लिये रक्तिम प्रकाश रेखाएँ दिखेंगी। जब कंपन संख्या और बढ़ेगी, तब धीरे-धीरे पीले, हरे, नीले प्रकाश से घर भर उठेगा। इससे भी अधिक सुर ऊँचे उठने के बाद आँखों की पराजय होगी, प्रकाश पुंज फिर से अदृश्य हो जाएँगे। उसके बाद अनगिनत कंपन से अंतरिक्ष कंपित होने के बावजूद इंद्रियों द्वारा अनुभव नहीं किया जा सकेगा।

फिर तो हम इस समुद्र में पूरी तरह खोए हुए हैं! हम लोग बहरे और अंधे हैं! कितना ही देख पाते हैं, कितना ही सुन पाते हैं? नगण्य! संसार को देख पानेवाले दो-एक टूटे हुए अंग लेकर हम इस (अंतरिक्ष के) महासमुद्र में यात्रा कर रहे हैं।

पहले ही बोला है कि ऊष्मा और प्रकाश कुछ और नहीं, बल्कि अंतरिक्ष में विद्युत् कंपन हैं। जो कंपन त्वचा द्वारा अनुभव होते हैं, उसको ऊष्मा बोलते हैं; और जो कंपन आँखों को उत्तेजित करते हैं, उन्हें बोलते हैं प्रकाश। इनके अलावा आकाश में अन्य प्रकार के कंपन भी हैं, जोकि हमारी इंद्रियों को संपूर्ण रूप से अस्वीकार्य हैं।

जिस प्रकार हाथी के शरीर के विभिन्न अंगों को स्पर्श करके अंधे लोगों ने एक ही जंतु के अनेक रूपों की कल्पना की थी, ऊर्जा के बारे में भी हम वैसे ही कल्पना करते हैं।

कुछ समय पहले तक हम लोग चुंबकीय शक्ति और विद्युत् शक्ति, ऊष्मा एवं प्रकाश को अलग-अलग शक्तियाँ मानते थे। अब समझ में आया है कि यह सब एक ही शक्ति के अलग-अलग स्वरूप हैं। चुंबकीय और विद्युत् शक्तियों के संबंध के बारे में हर कोई जानता है। ऊष्मा-तरंगें एवं प्रकाश अंतरिक्ष के विद्युत् कंपनों की वजह से उत्पन्न होते हैं, इसको प्रमाणित हुए अभी कुछ ही दिन हुए हैं।

आकाश में ये तरंगें एक ही गति से दौड़ती हैं, धातु के पात्र से टकराकर एक ही रूप में लौट आती हैं, वायु से दूसरे माध्यम में जाने के बाद एक ही तरह मुड़ जाती हैं। प्रतिपल हो रहे कंपनों की संख्या ही इस अंतर का कारण है।

सूरज इस पृथ्वी से करोड़ों मील दूर है। हमारे ऊपर वायुमंडल 45 मील दूर तक फैला हुआ है। उसके बाद शून्य है। इतनी दूर स्थित सूरज के साथ पृथ्वी का अभी तक कोई संबंध नहीं है।

फिर भी जलते हुए सूरज से सागर में ज्वार-भाटा जन्म लेता है, यह पृथ्वी उस सौर उत्पात के कारण क्रोधित होती है, तभी पृथ्वी में विद्युत् की लहर बहती है।

जिसको सूरज से अलग मानते थे, असल में वह अलग नहीं है। शून्य में फैले हुए करोड़ों-करोड़ जगत् अंतरिक्ष में बँधे हुए हैं। एक जगत् का कंपन अंतरिक्ष में बहकर दूसरे आकाश में संचारित हो रहा है।

सूरज की किरणें पृथ्वी पर आकर कई रूप धारण कर लेती हैं। सूरज की ही किरणों से वृक्ष बड़े होते हैं और सूरज की ही किरणों से फूल खिलते हैं। प्रकाश रूप में आकाशीय कंपन आकर वायु में फैले हुए परमाणुओं को विचलित करके पेड़ों के शरीर का गठन करते हैं। लाखों साल पहले की सूर्य किरणें पेड़ों के शरीर में से होकर पृथ्वी की कोख में पहुँच जाती हैं। आज कोयले से वे किरणें मुक्त होकर गैस और विद्युत् से राजपथ को आलोकित कर रही हैं। वाष्पयान और समुद्र पोत इसी शक्ति से चलते हैं। बादल और तूफान एक ही शक्तिबल से संचालित होते हैं।

सूरज की किरण की लाली से उत्पन्न होकर ही प्राणी जन-जीवन धारण करते हैं और बढ़ते हैं। लेकिन देखा गया है कि इस पृथ्वी की लगभग सभी

गतियों की मूल पर हैं सूरज की किरणें। अंतरिक्ष के कंपन से ही पृथ्वी स्पंदित होती है, जीवन का स्रोत बहता है।

मेरी आँखों से परदा धीरे-धीरे हट गया। अभी हम समझ पाए हैं कि इस बहुरूपी शक्तिशाली जगत् के मूल में मुख्यत: दो कारण विद्यमान हैं—एक, अंतरिक्ष और उसका स्पंदन तथा दूसरा, निर्जीव वस्तुएँ।

जड़ पदार्थ कई अवस्थाओं में देखे जाते हैं, कभी लोहे की तरह कठोर और कभी पानी में घुल जानेवाले, कभी वायु अवस्था में, तो कभी सबसे सूक्ष्म रूप में देखे जाते हैं। शून्य में उठती हुई अदृश्य वाष्प और पहाड़ों में जमा हुई कठोर बर्फ एक ही चीज हैं, लेकिन अवस्थाओं में कितने अलग!

घर के अंदर निश्चल वायु नहीं दिखाई पड़ती। उसका अस्तित्व हम अपनी किन्हीं भी इंद्रियों से महसूस नहीं करते। लेकिन इस अदृश्य सूक्ष्म वायुराशि में घूर्णन पैदा होने से, वह अलग-अलग गुण धारण करती है। घूर्णन करती हुई अदृश्य वायु (चक्रवात) के प्रहार से पलक झपकते ही गाँव-जनपद खत्म हो जाने के बारे में सब जानते ही हैं।

निर्जीव पदार्थ अंतरिक्ष का घूर्णन मात्र हैं। किसी समय में, अंतरिक्ष-सागर में अज्ञात महाशक्ति-बल से उत्पन्न घूर्णन के कारण बहुत से परमाणुओं की सृष्टि हुई है। उसके ही मिलन बिंदु पर असंख्य बिंदुओं के मिलने से जगत्-महाजगत् उत्पन्न हुआ है।

अंतरिक्ष का घूर्णन-जगत् रूप में अंतरिक्ष-सागर में तैर रहा है।

जर्मन कवि रिक्टर ने सपनों की दुनिया में देवदूत देखे थे। देवदूत ने कहा, “मानव, तुम विश्व के रचयिता की अनंत रचना देखना चाहते हो, आओ, हम महाविश्व देखें।” मानव ने देवस्पर्श से पृथ्वी के आकर्षण से मुक्त होकर देवदूत के साथ अनंत आकाश में यात्रा की! आकाश में ऊँचे-से-ऊँचा तारा भेदकर वह धीरे-धीरे आगे बढ़ता है। देखते-ही-देखते सात ग्रह पीछे छोड़कर पलक झपकते ही वे सूरज की तरफ बढ़ गए। सूर्य के भीषण अग्निकुंड की महाअग्निशिखा उसे जला नहीं पाई। सूरज के साम्राज्य के उस पार बहुत दूर बसे हुए अन्य तारों के राज्य उपस्थित हुए। समुद्र किनारे रेत के कणों को गिनना मनुष्य के लिए चाहे संभव हो, लेकिन इस असीम विस्तारवाले अनंत संसार की

गणना कल्पना से भी परे है। दाएँ-बाएँ, सामने-पीछे दृष्टि की सीमा के पार जाने के बाद भी अनंत संसारों से मिलकर यह अनंत सृष्टि बनी है! करोड़ों-करोड़ महासूर्यों की परिक्रमा कर रहे करोड़ों-करोड़ ग्रहों और उनकी चारों दिशाओं में चंद्रमा भ्रमण कर रहे हैं। ऊपर अनंत और नीचे अनंत और दिशाहीन अनंत तक! यह महाजगत् सीमाओं के पार भी और भी अधिक दूर स्थित एक कल्पनातीत संसार के उद्देश्य में वे लोग चलते चले गए। सभी दिशाओं में फैला हुआ एक कल्पनातीत नया महाविश्व पलक झपकते ही उनकी नजर के सामने आ जाता है। अपनी कल्पना से परे विस्तृत अग्रगण्य समावेश देखकर एक बार मानव चकित हो गया और बोला, "देवदूत! मेरी प्राणवायु बाहर कर दो, इस शरीर को अचेतन धूलिका में मिला दो, यह असहनीय अनंत भार! इस जगत् का अंतिम बिंदु कहाँ है?"

तब देवदूत ने कहा, "अंत तुम्हारे समक्ष नहीं है, क्या तुम इस कारण से ही अवसन्न हो रहे हो? पीछे मुड़कर देखो, इस जगत् का कोई आरंभ भी नहीं है।"

अंत भी नहीं है, आरंभ भी नहीं है।

मनुष्य का मन, असीम का भार नहीं सह सकता। धूल के कण होकर असीम ब्रह्मांड की कल्पना मन में कैसे आएगी?

माइक्रोस्कोप (सूक्ष्मदर्शी) में देखने पर एक छोटे बिंदु में बृहद संसार दिखता है। इसके उलट दूर से देखने से जगत् छोटे से बिंदु की तरह दिखता है; माइक्रोस्कोप में चीजें बड़ी दिखती हैं। ब्रह्मांड छोड़कर क्षुद्र कण की तरफ दृष्टि केंद्रित करो।

हमारी आँखों के सामने निर्जीव वस्तुएँ हर वक्त विभिन्न रूप धारण कर रही हैं। आग के जलने से महानगर शून्य में विलीन हो जाता है, लेकिन इससे एक भी बिंदु नष्ट नहीं होता है। एक ही अणु कभी मिट्टी के रूप में, कभी पेड़ के रूप में, कभी मनुष्य के शरीर के रूप में और उसके बाद कभी अदृश्य वायु के रूप में विद्यमान रहता है। किसी भी वस्तु का विनाश नहीं होता।

शक्ति (ऊर्जा) भी अनश्वर है। एक महाशक्ति ने जगत् को चारों ओर से घेरकर रखा है; यह हर कण के अंदर प्रविष्ट है। इस समय जो भी देख पा रहे हो, कुछ समय के बाद यह भी ठीक से नहीं दिखाई देगा। बहती हुई नदी की धारा

जिस तरह से नदी के पत्थर को बार-बार आकार प्रदान करती है, यह महाशक्ति भी इस जगत् को बार-बार तोड़कर बना रही है। सृष्टि के आरंभ से यह स्रोत न रुक सकनेवाली गति से बह रहा है। इसका कोई विराम नहीं है, ह्रास नहीं है, इसकी वृद्धि भी नहीं। समुद्र में एक स्थान पर ज्वार होने से दूसरे स्थान में भाटा उत्पन्न होता है। ज्वार और भाटा दोनों का कारण एक ही है; समुद्र में जल की मात्रा समान ही रहती है। एक जगह जितना कम होता है, दूसरी तरफ उतना ही बढ़ जाता है। इसी रूप में ज्वार-भाटा का चढ़ना और उतरना तरंगों के रूप में चारों दिशाओं में घूम रहा है।

शक्ति (ऊर्जा) की तरंगों में ऐसे ही उतार-चढ़ाव हो रहे हैं! प्रत्येक वस्तु इन्हीं तरंगों के द्वारा टकराकर हमेशा आहत हो रही है—टूट रही है और बन रही है। शक्ति से चलती हुई लहरों की श्रृंखलाओं द्वारा इस संसार में जीवन संभव है।

अब जड़-जगत् को छोड़कर जीव-जगत् पर विचार-मंथन करते हैं। वसंत के स्पर्श में सोई हुई पृथ्वी जाग्रत् होकर, विस्तृत जमीन को जंगल से ढककर, नए-नए उग रहे छोटे-छोटे पौधे अंधकार में भी (धरती चीरकर) अपना मस्तक ऊँचा करने लगते हैं। देखते-ही-देखते सारी जमीन हरी-भरी हो उठती है। शरदकाल आ गया और वसंत की वह जीवन ऊर्जा कहाँ गई? फूल डाली से गिर गए हैं, मुरझाई पत्तियाँ जमीन पर गिर पड़ी हैं, पौधों के शरीर धूल-धूसरित हो चुके हैं, जागरण के बाद निद्रा ही है!

फिर से वसंत लौट आया; पुष्पदल से पौधे फिर आच्छादित हो गए हैं, बीज के अंदर पौधे का निद्रामग्न शिशु फिर से जाग गया है। वृक्ष ने मृत्यु के आगमन के समय जीवन का केंद्रबिंदु बीज के अंदर सुरक्षित जमाकर रखा हुआ था। उसी बिंदु के होने से वृक्ष ने फिर से जीवन लाभ किया है।

तो यह देखा जा रहा है कि हर जीवन के दो अंश हैं—अजर और अमर। इसी अजर-अमर को चारों ओर से घेरकर ही बना है यह नश्वर शरीर। यह शरीररूपी आवरण पीछे रह जाता है। अमर जीवबिंदु प्रत्येक पुनर्जन्म में नया घर बना लेते हैं। उसी आदिम जीवन का अंश, वंश-परंपरा के कारण वर्तमान समय तक चला आ रहा है। आज जिन फूलों की कलियाँ वृक्ष के तने से टूटकर गिर जाती हैं, उनके अणुओं में करोड़ों वंशों पहले का जीवनबिंदु छुपा हुआ होता है।

केवल यही नहीं, हर एक जीव में वंश-परंपरा के कारण अनंत जीवन प्रवाहित होता है।

अतः वर्तमान काल का जीव अनंत के चौराहे पर खड़ा हुआ है। उसके पीछे युग-युगांतर तक फैला हुआ इतिहास है और समक्ष अनंत भविष्य है।

और मनुष्य? प्रथम जीव के छोटे से कण मनुष्य रूप में परिणत होने से पहले अनेक परिवर्तनों से होकर गुजरे हैं! असंख्य वर्षों तक, विभिन्न शक्तियों से गठित, अनंत संग्रामों में विजयी होनेवाले जीवन का चरमोत्कर्ष मानव है।

आज उस कीटाणु के वंशज, दुर्बल जीव की अपूर्णता भूलकर असीम बल धारण करने की इच्छा रखते हैं। अंतरिक्ष की विद्युत् पर आरोहण करके जीवन, स्वयं इसके रथ में सवार होने की योजना करता है। अज्ञान और अंधकार में होकर भी आदिम पृथ्वी का इतिहास खोजने का उत्सुक रहा है। वह चारों ओर अंधकार से ढके होने के बावजूद यवनिका (नाट्य मंच) का परदा उठाकर भविष्य को देख लेने के लिए प्रयासरत है।

अगर कभी भी सृष्टि में जीव में दैव शक्ति का आविर्भाव होता है, तब यही देवशक्ति होगी।

अधिक विस्मयकारी किसे बोलोगे? विश्व की असीमता को या इस सीमाओंवाले (सीमित) सूक्ष्म बिंदु में असीम को धारण करने के प्रयास को— कौन सा ज्यादा विस्मयकारी है?

पहले ही कहा है कि इस जगत् का आरंभ नहीं है और अंत भी नहीं है, ऐसा दिखाई दे रहा है कि यह जगत् न तो बहुत सूक्ष्म है, न ही बहुत वृहत्।

जीवन का चरम उत्कर्ष मानव है! यह बात हर वक्त सटीक नहीं है। जिस शक्ति ने आदिम जीवबिंदु को मनुष्य के रूप में उन्नत किया है, जो निराकार महाशून्य है, जिससे बहुरूपी जगत् और तद्भव विश्व का जीवन उत्पन्न हुआ है, आज वही महाशक्ति उसी तरह प्रवाहित हो रही है। सृष्टि की गति ऊर्ध्व है; और सामने अंतहीन समय है एवं अनंत उन्नति विस्तार है।

□

एक पेड़ की कहानी

क्या पेड़ कुछ बोलते हैं? बहुत से लोग कहेंगे, यह कैसा सवाल हुआ? पेड़ क्या कभी कुछ बात करते हैं? या मनुष्य ही हर बात कहकर प्रकट करता है? और जो बोलकर प्रकट न किया जा सके, क्या वह बात ही नहीं है? हमारा एक बच्चा है, जो हर बात नहीं बोल पाता; और जो भी दो-चार बातें वह बोलता है, इतना आधा-अधूरा, टूटा-फूटा बोलता है कि किसी में सामर्थ्य नहीं है कि उसका अर्थ समझ सके, लेकिन फिर भी हम बच्चे की हर बात का अर्थ समझ लेते हैं। केवल यही नहीं, हमारा बच्चा बहुत सारी बातें खुलकर नहीं कह पाता; आँखें, मुँह और हाथ हिलाकर, सिर हिलाकर इत्यादि संकेतों के द्वारा बहुत सारी बातें करता है, हम वे सब भी समझ जाते हैं, दूसरे लोग नहीं समझ पाते। एक दिन एक कबूतर एक पड़ोसी के घर से उड़कर आया और हमारे घर के ऊपर बैठ गया; बैठकर गला फुलाकर बहुत जोर से चीखता रहा, कबूतर के साथ हमारे बच्चे का परिचय हुआ; बच्चे ने उस कबूतर का अनुकरण करके चीखना शुरू कर दिया। कबूतर कैसे चीखता है? उसका बोलना ही चीखना है; उसी तरह सुख में, दुःख में, चलते-बैठते, हमारा मन भी पुकारता है। नई विद्या सीखने से बच्चे के आनंद की सीमा नहीं है।

एक दिन घर लौटकर देखता हूँ कि बच्चे को बहुत तेज बुखार है; वह तेज सिरदर्द में आँखों को मूँदकर बिस्तर पर लेटा हुआ है। जो चंचल बच्चा पूरा दिन घर सिर पर उठाए रखता था, वह आज एक बार भी आँखें नहीं खोलना चाहता। मैं उसके बिस्तर के पास जाकर वहाँ बैठकर उसके सिर को हाथ से सहलाने लगा। मेरे हाथ के स्पर्श से बच्चे ने मुझे पहचान लिया और बहुत कठिनाई से

आँखें खोलकर मेरी ओर कुछ देर देखा। उसके बाद कबूतर चीख उठा। कबूतर के चीखने में, मैं बहुत सारी बातें सुन पाया। मैं समझ पाया कि कबूतर बोल रहा है, "बच्चे को देखने आए हो? बच्चा तुम्हें बहुत अधिक प्यार करता है।" और भी बहुत सारी बातें सुन पाया, जो मैं सीधे कही गई बातों के द्वारा नहीं समझ पाता।

यदि पूछा जाए कि कबूतर के चीखने में इतनी सारी बातें कैसे सुन पाए, तो इसका उत्तर यही है, बच्चे को बहुत प्यार करता हूँ, इसलिए। आप लोगों ने देखा है कि बच्चे का मुँह देखकर माँ समझ जाती है, बच्चा क्या चाहता है। कई बार शब्दों की भी आवश्यकता नहीं होती। प्यार से देखने भर से अनेक गुण दिख जाते हैं, अनेक बातें सुनाई दे जाती हैं।

पहले जब मैं अकेले मैदान या पहाड़ों में घूमने जाता था, तब सब खाली-खाली लगता था। उसके बाद फिर पक्षी, कीट-पतंगों से प्यार करना सीखा। तब तक उनकी अनेक बातें समझ जाता था, पहले जो नहीं पता होती थीं। ये जो पेड़ कोई बात नहीं करते, इनकी भी एक भाषा है, ये भी हमारी तरह खाना खाते हैं, हर दिन बढ़ते हैं, पहले यह सबकुछ नहीं जानता था। अब समझ में आता है। इनके अंदर भी हमारी तरह कमियाँ हैं, दुःख-कष्ट दिखते हैं। जीवन धारण करने के लिए ये भी हर वक्त व्यस्त रहते हैं। कष्ट में आकर यह भी चोरी करते, डाका डालते हैं। मनुष्य के अंदर जो-जो सद्गुण हैं, इनके भीतर भी वैसे ही कुछ-कुछ गुण दिखते हैं। पेड़ भी एक-दूसरे की सहायता करते हुए दिखते हैं, इनमें भी एक-दूसरे के साथ दोस्ती होती है। इसके बाद मनुष्य का अपना सर्वोच्च गुण—त्याग, पेड़ों में भी दिखता है। माँ खुद का जीवन देकर भी संतान की रक्षा करती है। संतान के लिए खुद के जीवनदान का गुण भी पेड़ों में हमेशा दिख जाता है। पेड़ों का जीवन मनुष्य के जीवन की परछाईं है। धीरे-धीरे ये सब बातें आपको भी बताऊँगा।

पेड़ की सूखी हुई शाखा आप सब लोगों ने देखी है। मान लीजिए, आप किसी पेड़ के नीचे बैठे हैं। घने हरे पत्तों से पेड़ ढका हुआ है, उसी छाँव में आप बैठे हुए हो। वहीं पास में पेड़ की एक सूखी हुई शाखा गिरी हुई है। एक समय इस डाली में कितने हरे पत्ते थे, अभी सब सूख गए हैं, डाली के एक तरफ कीड़े लग गए हैं और कुछ ही समय बाद इस डाली का भी नामोनिशान नहीं रहेगा। अब बताइए कि इस पेड़ और इस मरी हुई डाली में क्या फर्क है? पेड़ बढ़ रहा है

और मरी हुई डाली खत्म हो रही है; एक में जीवन है और एक में जीवन नहीं है। जो जीवित है, वह हमेशा बढ़ता रहता है। जीवित का एक और लक्षण यह है कि उसमें गति होती है, मतलब वह हिल-डुल सकता है। पेड़ की गति हर वक्त नहीं दिखती, लता कैसे घूम-घूमकर पेड़ को जकड़कर ऊपर उठती जाती है, देखा है?

जीवित वस्तु में गति दिखती है; जीवित वस्तुएँ बढ़ती रहती हैं। केवल अंडे में कोई जीवन-चिह्न नहीं दिखाई देता। अंडे में जीवन सोया हुआ रहता है। गरमी मिलने पर अंडे से पंछी का बच्चा जन्म लेता है। बीज भी पेड़ों के अंडे हैं, बीज के भीतर भी ऐसे ही पेड़ का बच्चा सोया रहता है। मिट्टी, ऊष्मा और पानी मिलने से पेड़ों के बच्चों, यानी पौधों का जन्म होता है।

बीज के ऊपर एक कठोर आवरण है; उसके अंदर पेड़ का बच्चा सुरक्षित होकर सोता रहता है। बीजों के आकार नाना प्रकार के होते हैं, कोई बहुत छोटा, कोई बड़ा। बीज को देखकर पेड़ कितना बड़ा होगा, यह नहीं कहा जा सकता। बहुत बड़ा बरगद का पेड़ भी सरसों के छोटे से दाने के आकारवाले बीज से जन्म लेता है। सोच सकते हैं! इतना बड़ा पेड़ इतने छोटे से बीज के अंदर कैसे छुपा हुआ होता है? आपने शायद किसान को चावल का बीज खेतों में फैलाते हुए देखा होगा। लेकिन जितने पेड़-पौधे, वन-जंगल देखते हो, उसके बीज मनुष्य ने नहीं बोए। तमाम तरीकों से बीज अपने आप फैल जाते हैं। पक्षी फल खाकर दूर देश में ले जाते हैं, इसी प्रकार मानवरहित शून्य द्वीप में पौधों का जन्म होता है। इसके अलावा बहुत से बीज हवा में उड़कर दूर देश में फैल जाते हैं। सेमुल (silk-cotton tree) का पेड़ बहुत बार देखा होगा। सेमुल का फूल जब धूप में फट जाता है, तब उसके अंदर से बहुत से बीज रुई के साथ उड़ते जाते हैं। बचपन में इन बीजों को पकड़ने के लिए हम बहुत दौड़ते थे, हाथ बढ़ाकर पकड़ने की कोशिश करने से रुई के साथ बीज ऊपर उड़ जाता है। इसी प्रकार दिन-रात उड़ते रहने से बीज देश-देशांतर में फैल जाते हैं।

हर बीज से पेड़ का जन्म होता है या नहीं, इसका उत्तर किसी के पास नहीं है। शायद कठोर पत्थर के ऊपर बीज गिरे और वहाँ अंकुर बाहर ही नहीं आ पाए। अंकुर बाहर निकलने के लिए ऊष्मा, पानी और मिट्टी चाहिए।

बीज जहाँ भी न क्यों गिरे, पेड़ का बच्चा बहुत दिनों तक बीज के अंदर

आराम से सोया रहता है। बढ़ने के लिए उपयुक्त स्थान में जब तक बीज नहीं गिरता, तब तक बाहर का कठोर आवरण पेड़ के बच्चे की सारे खतरों से रक्षा करता है।

अलग-अलग समय में अलग-अलग प्रकार के बीज पकते हैं। आम, लीची का बीज बैसाख के महीने में; चावल, जौ इत्यादि आश्विन और कार्तिक के महीने में पकते हैं। मान लो कि एक पेड़ का बीज आश्विन के महीने में पकता है। आश्विन के महीने के अंत में बहुत तूफान आते हैं। तूफान में छोटे-छोटे पत्ते और डालियाँ फटकर चारों दिशाओं में गिर जाती हैं। ऐसे ही चारों दिशाओं में बीज भी फैल जाते हैं। प्रबल तूफान के वेग में बीज कहाँ जाता है, कौन बोल सकता है? मान लो, एक बीज दिन-रात मिट्टी में लोटने के बाद एक टूटी हुई ईंट या मिट्टी के ढेले में आश्रय लेता है। कहाँ था, कहाँ आकर गिरा। धीरे-धीरे धूल और मिट्टी में बीज आकर ढक गया। अब बीज मनुष्य की आँखों से छुप गया, वह हमारी दृष्टि से दूर चला गया, लेकिन विधाता की दृष्टि से बाहर नहीं गया। पृथ्वी माँ की तरह उसको अपनी कोख में छुपा लेती है। बाहर की सर्दी और तूफान से वह रक्षा पाता है। इस रूप में आपदाओं से दूर पेड़ का बच्चा सुरक्षित सोया रहता है।

पेड़ का जन्म और मृत्यु

बीज कई दिनों तक मिट्टी के नीचे छुपा रहा। महीने-के-महीने ऐसे ही निकल गए। सर्दियों के बाद वसंत आ गया। उसके बाद सावन की शुरुआत में दो-एक दिन बारिश हुई। अब और अधिक छुपे रहने की जरूरत नहीं है। बाहर जैसे कोई बच्चे को पुकार रहा है, "और मत सो, ऊपर आ जाओ, सूरज की रोशनी देखोगे?" धीरे-धीरे बीज का कवच गिर गया, यह देखो, दो कोमल पत्तों के बीच से अंकुर निकल आया। अंकुर का एक अंश नीचे की ओर जाकर मिट्टी के अंदर चला गया और दूसरा मिट्टी को भेदकर ऊपर उठकर आ गया। तुम लोग क्या अंकुर को उगते हुए देख पा रहे हो? लग रहा है, जैसे सोकर उठा बच्चा आश्चर्य से नई दुनिया देख रहा हो।

पेड़ का अंकुर निकलने के बाद जो हिस्सा मिट्टी के अंदर रहता है, उसे 'जड़' कहते हैं। एक और हिस्सा ऊपर बढ़ता रहता है, उसे 'तना' कहते हैं। हर पेड़ की जड़ और तना देख पाओगे। यह एक आश्चर्य की बात है कि पेड़ को

जैसे भी देखो, जड़ नीचे की ओर और तना हमेशा ऊपर की ओर ही रहेगा। एक परखनली में एक पौधा था। परीक्षा करने के लिए कुछ दिनों तक परखनली को उलटा करके टाँगे रखा। पेड़ का सिर नीचे की ओर रखा और पेड़ की जड़ को ऊपर की ओर रखा। दो-एक दिन बाद देखा कि पेड़ ने जैसे यह महसूस कर लिया था। उसकी हर एक डाली मुड़कर ऊपर की ओर जाने लगी थी और जड़ घूमकर वापस नीचे की ओर जाने लगी। आपमें से बहुत से लोगों ने बहुत बार जड़ काटकर सायता (एक प्रकार का पेड़) को देखा होगा तो पाया होगा कि पहले सायता के पत्ते और फूल नीचे की तरफ होते हैं, कुछ दिन बाद दिखता है कि पत्ते और फूल ऊपर चले आते हैं।

जैसे हम खाना खाते हैं, पेड़ भी वैसे ही खाना खाते हैं। हमारे दाँत हैं, हम सख्त चीज खा सकते हैं। छोटे बच्चों के दाँत नहीं होते, वे केवल दूध पीते हैं। पेड़ों के भी दाँत नहीं होते, इसीलिए वे केवल तरल पदार्थ या वायु से ही अपना भोजन ग्रहण कर सकते हैं। पेड़ जड़ों की सहायता से मिट्टीवाले पानी से रस-शोधन करते हैं। चीनी में पानी डालने से चीनी गल जाती है। मिट्टी को जल में मिलाने से मिट्टी के भीतरवाली अनेक चीजें पानी में घुल जाती हैं। पौधे उन्हीं सब चीजों को निकालकर भोजन की तरह ग्रहण करते हैं। पौधों के पैरों पर पानी न देने से पौधों का भोजन बंद हो जाता है और पौधे मर जाते हैं।

माइक्रोस्कोप से बहुत ही सूक्ष्म पदार्थ को भी देखा जा सकता है। पेड़ की डाली या तने को इस यंत्र में रखने के बाद देखकर परीक्षण करने से पता चलता है कि पौधों में हजारों-हजार नलिकाएँ मौजूद हैं। इन्हीं सब नलिकाओं के द्वारा पौधों के शरीर में रस प्रवेश करता है।

इसके अलावा भी पौधे वायु से भोजन संग्रह करते हैं। पत्तों के अंदर बहुत छोटे-छोटे मुँह हैं। माइक्रोस्कोप से देखने पर इन सब मुखों के छोटे-छोटे होंठ दिखते हैं। जब भी भोजन करना आवश्यक नहीं होता है, तब होंठ बंद रहते हैं। हम जब साँस अंदर लेते हैं और बाहर छोड़ते हैं, तब साँस बाहर छोड़ते वक्त एक तरह की हानिकारक वायु बाहर छोड़ी जा रही साँस के साथ निकलती है, जिसे अंगारक वायु (CO_2) बोलते हैं। अगर यह वायु पृथ्वी पर जमा होती रहे तो सभी जीव-जंतु कुछ ही दिनों में इस विषाक्त वायु को ग्रहण करने से मर सकते हैं। विधाता

की करुणा-कथा के बारे में सोचकर देखो। जो जंतुओं के लिए विष है, उसी का आहार करके पौधे वायु को साफ कर देते हैं। पौधों के पत्तों के ऊपर जैसे ही सूर्य की रोशनी पड़ती है, वैसे ही पौधे सूर्य की किरणों के साथ अंगारक वायु से अंगार निकाल लेते हैं। यह अंगार पौधे के शरीर में प्रवेश करके उसे बड़ा होने में मदद करता है। पौधे प्रकाश चाहते हैं और प्रकाश के न होने से ये नहीं बच सकते। पौधों की सर्वप्रधान चेष्टा यही होती है कि कैसे भी करके थोड़ा सा प्रकाश पा लिया जाए। अगर खिड़की के पास परखनली में पौधा रखते हैं तो देखोगे कि हर डाली अँधेरे से प्रकाश की ओर मुड़ी जा रही है। जंगल में जाकर देखोगे कि पेड़ कितनी जल्दी सिर उठाकर खड़े हो जाते हैं कि कौन पहले प्रकाश पाएगा, यह आहार की चेष्टा कर रहे होते हैं। लताएँ छाया में पड़े रहने से प्रकाश के अभाव में मर जाती हैं, इसी कारण से पौधे जड़ें जमाकर आसमान की तरफ उठते चले जाते हैं।

अब समझ में आता है कि प्रकाश ही जीवन का मूल है। सूरज की किरणें शरीर में समाहित करके पौधे बढ़ते रहते हैं। पौधों के शरीर में सूर्य की किरणें आबद्ध हो जाती हैं। लकड़ी में आग लगाने से जो प्रकाश और ताप बाहर आता है, वह सूर्य का ही तेज है। पेड़-पौधे और फसलें सूर्य के प्रकाश को पकड़कर फाँस लेनेवाले फंदे हैं। जानवर पेड़-पौधे खाकर प्राण धारण करते हैं; पेड़-पौधे में जो जमा हुआ सूर्य का तेज है, इस प्रकार से जंतुओं के शरीर में प्रवेश कर जाता है। फसलों को न खाने से हम लोग भी मृत्यु से बच नहीं पाते। सोचकर देखा जाए तो हम लोग भी प्रकाश का आहार करके ही जीवित बचे हुए हैं।

कोई-कोई पौधा एक साल में ही मर जाता है। सब पौधे भी मरने से पहले अपनी संतान दे जाने के लिए व्याकुल होते हैं। बीज पेड़-पौधों की संतानें ही तो हैं। बीज के शिशु की रक्षा करने के लिए ही तो पौधे बीज के चारों ओर कलियों और पुष्पों का एक छोटा सा सुरक्षा घेरा बनाते हैं। पेड़-पौधे जब फूलों से ढके होते हैं तो कितने सुंदर लगते हैं। ऐसा प्रतीत होता है, जैसे पौधे मुसकरा रहे हैं। फूलों जैसी सुंदर चीज और क्या है? पेड़ तो मिट्टी से आहार ग्रहण करते हैं और वायु से अंगार ग्रहण करते हैं। इन सामान्य चीजों से किस विधि से इतना सुंदर फूल बनाया? कहानियों में ऐसा कहा गया है कि एक 'पारसमणि' नाम की मणि है, उसके छूने से लोहा भी सोना बन जाता है। मेरे मन में आता है, माँ का स्नेह

ही वह मणि है। संतान के ऊपर प्रेम ही जैसे फूल बनकर खिल उठता है। प्रेम के स्पर्श से ही जैसे मिट्टी और अंगार फूल हो उठते हैं।

पौधों पर फूल खिला देखकर हमें कितना आनंद होता है! ऐसा प्रतीत होता है, जैसे पौधे कितने आनंदित हैं! आनंद के दिनों में हम दस लोगों को निमंत्रण देते हैं। पेड़-पौधे भी फूल खिलने के बाद अपने बंधु-बांधवों को बुलाते हैं। पौधे कुछ इस तरह बुलाते हैं, "हमारे बंधु-बांधव कहाँ हैं, आज हमारे घर में आओ, अगर रास्ता भूल जाओ, अगर घर न पहचान पाओ तो हमने अनेक रंगों के फूल निशानी के लिए टाँग रखे हैं। ये रंगीन पट्टियाँ तुम्हें दूर से ही दिख जाएँगी।" मधुमक्खी और तितलियों के साथ पौधों का जन्म-जन्मांतर का बंधुत्व है। वे सब झुंड बनाकर फूलों को देखने आ जाते हैं। कुछ-कुछ पतंगे दिन के समय पक्षियों के डर से बाहर नहीं निकल पाते। कुछ पक्षी उन्हें देखते ही खा लेते हैं, इसलिए रात होने से पहले वे बाहर नहीं निकल पाते। पौधे उन्हें बुलाने के लिए शाम होते ही चारों ओर महक फैला देते हैं।

पौधे फूलों के बीच में शहद संचित करके रखते हैं। मधुमक्खियाँ और तितलियाँ शहद पी लेती हैं। मधुमक्खियों के आने से पौधों का भी उपकार होता है। फूलों में (पोलेंन) रेणु तो देखा ही होगा। मधुमक्खियाँ एक फूल के रेणु अन्य फूलों तक ले जाती हैं। रेणु अलग किस्म के बीज में नहीं पक सकते।

इस रूप में पेड़-पौधे फूलों के मध्य बीज पकाते हैं। शरीर का रस देकर पौधे बीज का लालन-पालन करते हैं। पौधे खुद के जीवन के लिए और माया या ताम-झाम नहीं करते हैं। वे अपनी संतानों के लिए तिल-तिल कर सबकुछ न्योछावर कर देते हैं। जो शरीर कुछ समय पहले दमकता हुआ सतेज था, वह अब एकदम सूखने लगता है। शरीर का भार वहन करने के लिए शक्ति नहीं रहती। पहले हवा हू-हू करके पत्ते हिलाकर चली जाती थी। तब पत्ते हवा के साथ खेला करते थे, छोटी-छोटी डालियों के नीचे नाचते रहते थे। अभी सूखा हुआ पेड़ हवा के झोंके में अपना ही वजन नहीं सह पाता। हवा का एक-एक झपट्टा लगने से पेड़-पौधे थर-थर काँप उठते हैं। एक-एक करके डालियाँ भी टूट जाती हैं। अंत में एक दिन अचानक से तना भी टूटकर मिट्टी में मिल जाता है।

इस तरह पेड़-पौधे अपनी संतानों के लिए अपना जीवन देकर मर जाते हैं।

□

मंत्र की साधना

प्रशांत महासागर में अनेक द्वीप देखने को मिलते हैं। ये सब द्वीप बहुत सूक्ष्म कीटों की चट्टानों से बने हैं। कई सौ सालों में अनंत संख्या में इन कीटों ने अपने-अपने शरीर के द्वारा इन द्वीपों का निर्माण किया है।

आजकल विज्ञान से जो भी असाध्य साधना हो रही है, वह भी बहुत लोगों की छोटी-छोटी कोशिशों का फल है, मनुष्य पहले बहुत लाचार था। बुद्धि, प्रयासों और सहिष्णुता के बल के कारण आज वह इस पृथ्वी का राजा बना है। जिन अनगिनत कष्टों और कोशिशों के बाद आज मानव ने वर्तमान में इतनी उन्नति प्राप्त की है, उनके बारे में हम सोच भी नहीं सकते। किसने सबसे पहले आग जलाई थी, किसने सबसे पहले धातु का इस्तेमाल किया था, किसने सबसे पहले लिखने की प्रथा का आविष्कार किया, यह हम कुछ भी नहीं जानते। हम सिर्फ यह जानते हैं कि जिसने भी पहले कुछ नया करने की प्रथा प्रचलन में लाने की कोशिश की थी, उसे हर मोड़ पर बहुत रुकावटों का सामना करना पड़ा था। कई बार उन्हें बहुत यातनाओं को भी सहना पड़ा था। इतने कष्टों के बाद भी तमाम लोग ऐसे थे, जो अपनी कोशिशों को सफल होते भी नहीं देख पाए। फिलहाल लगता है कि कई लोगों की कोशिशें पानी में चली गईं, लेकिन कोई भी कोशिश एक बार में विफल नहीं होती। आज जो एकदम साधारण लग रहा है, दो दिन बाद वही महान् फल उत्पन्न करेगा। मोतियों के द्वीप जिस प्रकार थोड़ा-थोड़ा करके आकार में बढ़ते हैं, ज्ञान का साम्राज्य भी उसी तरह तिल-तिल करके बढ़ता है। इस बारे में दो-एक घटनाओं के बारे में बताता हूँ।

एक सौ साल पहले पूर्वी इटली में 'गैलवानी' नाम के एक अध्यापक ने देखा कि लोहे और ताँबे के तार से एक मरे हुए मेढक को छूने से वह मेढक हिल उठा। वह बहुत सालों तक इस घटना के कारणों के बारे में खोज करता रहा। इतनी छोटी सी बात के लिए इतना अधिक समय बेकार में नष्ट करते हुए देखकर लोगों ने उसका मजाक बनाया। उसका नाम लोगों ने 'मेढक नचानेवाला अध्यापक' रख दिया। दोस्त लोग आकर बोलते थे, "मरे हुए मेढक का हिलना ठीक है, मगर इसका फायदा क्या है?"

क्या फायदा? उस छोटी-मोटी घटना के सहारे विद्युत् के अलग-अलग गुणों को लेकर नई-नई खोजें शुरू हुईं। पृथ्वी का इतिहास बदल गया है। इन एक सौ सालों में विद्युत् से रास्ते जगमगाने लगे हैं, गाड़ियाँ चल रही हैं। पलक झपकते ही पृथ्वी के एक कोने से दूसरे कोने में खबरें पहुँच रही हैं। सारी दुनिया जैसे हमारे घर के एक कोने में आ गई है—दूर, अब दूर नहीं रहा। पहले हमारी आवाज घर के एक कोने से दूसरे कोने तक नहीं पहुँचती थी। अभी विद्युत् के बल से 100 किमी. दूर दोस्त के साथ बातचीत कर सकते हैं। अभी विद्युत् के बल से हजारों मील दूर देश में क्या हो रहा है, वह भी हम देख पाएँगे। दृष्टि और आवाज हमारे लिए कोई रुकावट नहीं मानेगी।

मनुष्य ने आज तक धरती एवं समुद्र पर ही अपना राज स्थापित किया था, लेकिन वह बहुत समय तक आकाश को नहीं जीत पाया। पृथ्वी से शून्य की ओर उठते जाते हैं, किंतु गुब्बारे वायु के प्रतिकूल नहीं चल सकते। एक और समस्या है कि गुब्बारे से कम समय में गैस बाहर हो जाती है, इसलिए गुब्बारा ज्यादा समय तक आकाश में नहीं रह सकता।

रेशम का आवरण होने से गैस बाहर हो जाती है, गुब्बारा अधिक समय के लिए आकाश में नहीं रह सकता। 'सोयार्ज' नाम के किसी जर्मन ने इसी कारण से एल्युमिनियम की पतली शीट से गुब्बारा बनाया। अल्युमिनियम कागज की तरह हलका होता है, फिर भी इसके अंदर की गैस बाहर नहीं आ सकती। गुब्बारा भी धातु से बन सकता है, ऐसा किसी को भरोसा नहीं था। सोयार्ज अपनी पूरी जायदाद बेचकर गुब्बारे उड़ाने के परीक्षण करने लगा। बहुत सालों तक

निष्फल कोशिशें करते रहने के बाद अंत में एक गुब्बारे का निर्माण हुआ। ऐसा गुब्बारा, जो इच्छानुसार वायु की प्रतिकूल दिशा में जा सकता है, इसके लिए एक छोटा इंजन प्रस्तुत किया गया। जहाज में पानी के नीचे एक स्क्रू रहता है, इंजन की सहायता से स्क्रू घुमाने से जहाज पानी में चलता रहता है, उसी तरह हवा काटकर चलाने के लिए एक बड़े स्क्रू का निर्माण किया। लेकिन गुब्बारा बनाने के कुछ समय बाद ही अचानक से 'सोयार्ज' की मृत्यु हो गई। जिसके लिए जायदाद और जीवन न्योछावर किया, उसी का परीक्षण नहीं कर पाए, इतने दिनों की कोशिश निष्फल होने लगी।

सोयार्ज की पत्नी ने उस समय जर्मन सरकार को गुब्बारों के परीक्षण के लिए आवेदन किया था। जर्मन सरकार वायुयान को युद्ध में इस्तेमाल करना चाह रही थी। विधवा की कहानी मात्र सुनकर सरकार ने दया करके गुब्बारों का परीक्षण करने के लिए युद्ध विभाग के कुछ अध्यापकों को नियुक्त कर दिया। तय दिनों के बाद गुब्बारे को देखने कई लोग आए, कई परीक्षकों ने भी आकर देखा कि गुब्बारा बहुत बड़ा है और धातु से बना है, इसलिए रेशम के गुब्बारे से बहुत अधिक भारी है। इसके बावजूद गुब्बारे को उड़ाने के लिए इंजन और बहुत सारे नलके यानी पाइप्स गुब्बारे से जुड़े हुए हैं। इतनी भारी-भरकम चीज क्या कभी आसमान में उड़ सकती है? परीक्षक आपस में बातचीत करने लगे, यह विद्युत् मशीन कभी भी धरती छोड़कर आसमान में नहीं जा पाएगी, वह आदमी मर चुका है और उसकी विधवा बहुत उम्मीद लेकर यहाँ यह दिखाने आई है, अत: दिखाने के लिए परीक्षण तो करना पड़ेगा। (इन लोगों ने सोचा) लेकिन गुब्बारे के साथ जुड़े हैं इतने सारे पाइप्स; इन पाइप्स को काटकर गुब्बारा थोड़ा हलका करने से शायद यह दो-चार हाथ ऊपर उठ जाए। काश! सही बात उनको समझाने के लिए वहाँ कोई नहीं था। गुब्बारा जिसने बनाया था, पृथ्वी पर उसकी आवाज और नहीं सुनी जाएगी! जिन पाइप्स को काटकर अलग कर दिया गया, उनका आविष्कार करने में कई साल लगे थे। इन सब पुरजों के सहारे गुब्बारे को चालक के अनुसार दाएँ, बाएँ, ऊपर, और नीचे की ओर चलाया जा सकता था।

इसके बाद एक और रुकावट आई कि सोयार्ज की अनुपस्थिति में गुब्बारा कौन चलाएगा? दूसरा कोई कैसे इन सब पाइप्स के इस्तेमाल की विधि समझेगा? जो भी हो, दर्शक दीर्घा का एक इंजीनियर अपनी क्षमता के अनुसार गुब्बारा चलाने के लिए राजी हो गया। दूर खड़ी विधवा यंत्र के प्रत्येक स्पंदन गिन रही थी। गुब्बारा पृथ्वी छोड़कर उठ पाएगा क्या? मरे हुए पूर्वजों की उम्मीद और भरोसा क्या पूरा होगा या हमेशा के लिए खत्म हो जाएगा। इंजन चलाया गया और गुब्बारा पृथ्वी को छोड़कर महावेग से शून्य की ओर उठ गया। तभी हवा बह चली, लेकिन प्रतिकूल हवा काटकर गुब्बारा उड़ चला। इतने दिनों की सोयार्ज की कोशिश सफल हुई। लेकिन जिन सब पुरजों की जरूरत नहीं लग रही थी, कुछ ही समय में उनकी जरूरत महसूस होने लगी। गुब्बारा आकाश में उठा, लेकिन उसको सँभाल लेने के लिए कोई पुरजा नहीं था, इसलिए वह कुछ ही समय बाद पृथ्वी पर गिरकर मिट्टी में बिखर गया। इस दुर्दशा से सब समझ गए कि सोयार्ज ने जिस बात को सोचकर गुब्बारे का निर्माण किया था, उसे किसी-न-किसी दिन सफल होना ही था। दस सालों में ही वह सफल हुआ। जेपेलिन ने जो विमान बनाया था, वह युद्ध में भीषण हथियार की तरह इस्तेमाल हुआ था। युद्ध के बाद यह विमान आराम से अटलांटिक महासागर पार कर गया और उसके बाद से यूरोप और अमेरिका की दूरी मिट गई थी।

वायुयान में गैस भरके उसे हलका करना पड़ता है, अत: आकार में वह काफी विराट् और निर्माण करने में काफी महँगा हो जाता है। पक्षी कितनी आसानी से उड़ते हैं! इनसान क्या कभी पक्षी की तरह उड़ पाएगा? बड़े-बड़े पक्षी कैसे दो-चार पंख हिलाकर दूर आसमान और शून्य में उड़ जाते हैं, उसके बाद पंख फैलाकर आकाश में गोल-गोल घूमते रहते हैं। घूमते-घूमते आकाश में मिल जाते हैं।

तुम लोगों को कभी पंछियों की तरह उड़ने की इच्छा नहीं हुई? जर्मनी देश में लिलियनथल ने सोचा कि हम क्यों आकाश में पंछियों की तरह भ्रमण नहीं कर सकते? उसके बाद उन्होंने परीक्षण शुरू किए। वे जानते थे कि

इस विद्या को साधने के लिए बहुत समय लगेगा। बच्चा जैसे थोड़ा-थोड़ा करके बहुत कोशिशों के बाद चलना सीखता है, उसको उसी तरह उड़ना सीखना पड़ेगा। लेकिन बच्चा जैसे गिरने के बाद उठने की कोशिश करता है, आकाश से गिरने के बाद दोबारा उठ पाने की शक्ति नहीं रहेगी, मृत्यु निश्चित है। इतनी विपदा जानकर भी उन्होंने परीक्षण से मुँह नहीं फेरा। बहुत परीक्षा के बाद, बहुत तरह के पंख प्रस्तुत किए और वे हाथ में बाँधकर पहाड़ से कूद गए, पंख के सहारे नीचे उतरने लगे। एक बार उन्हें लगा कि अगर दो पंखों की जगह बहुत सारे पखों का इस्तेमाल किया जाए तो उड़ने में ज्यादा आसानी होगी।

तीस सालों तक बहुत सावधानी से यह सब परीक्षण करते रहे। जीवन का ज्यादातर समय कट गया, इसलिए काम खत्म करने के लिए लोग उत्सुक हो गए। अभी जो कल-पुरजा प्रस्तुत किया, जल्दबाजी में वह पहले की तरह सख्त नहीं हुआ। लेकिन उन्होंने अधूरा पुरजा लेकर उड़ने की कोशिश की। फिर बहुत आसानी से हवा काटते हुए जा रहे थे, दुर्भाग्य से हवा के एक तेज झोंके से ऊपर का एक पंख टूट गया।

इस दुर्घटना में उन्होंने प्राण छोड़ दिए, लेकिन परीक्षण करके जो भी नया सिद्धांत आविष्कार किया, वह पृथ्वी की संपत्ति होकर रह गया। उनके आविष्कार किए हुए सिद्धांत के सहारे बाद में उड़ने की मशीन का आविष्कार हुआ। मार्किन देश (वर्तमान अमेरिका) के अध्यापक लांगली ने पंख से उड़ने का एक यंत्र प्रस्तुत किया; उसमें एक बहुत हलका इंजन जुड़ा था। परीक्षा के दिन बहुत लोग देखने आए, लेकिन बनानेवाले के आलस्य की वजह से एक स्क्रू ढीला था, इंजन चलने के बाद वह आकाश में उठकर गोल-गोल घूमता रहा। इसी समय ढीला स्क्रू खुल गया और यंत्र नदी में जाकर गिरा। इस विफलता के दु:ख में लांगली (Samuel Langley) टूटे हुए हृदय के साथ मृत्यु को प्राप्त हुए।

जो डरपोक होते हैं, वे ही असफल साधना और मृत्यु के भय के आमने-सामने होते हैं। वीर पुरुष ही मृत्यु के भय से निडर मन से बाहर निकलने

में समर्थ होते हैं। लांगली की मृत्यु के बाद उनके ही देश के विलबर राइट (भाइयों) ने उड़ने के यंत्र को बनाने का परीक्षण शुरू किया। उड़ने के दौरान एक पुरजा थम जाता है और आकाश से गिरकर राइट का एक पैर टूट जाता है। इससे भी न डरकर राइट ने फिर से परीक्षण शुरू किया और उस कोशिश के फलस्वरूप इनसान यात्री बनकर नीले आसमान में अपना साम्राज्य विस्तार करने में समर्थ हुआ।

□

अदृश्य प्रकाश

सितार उँगलियों की हलचल से झनकार कर उठता है। दिख जाता है कि तार काँप रहे हैं। उस कंपन से वायुराशि में लहर उत्पन्न होती है और उसके आघात से कानों में सुर की उपलब्धि होती है। इसी रूप में तीन कदमों के सहारे एक स्थान से और एक स्थान में संवाद स्थापित होता है। सबसे पहले शब्द के स्रोत में कंपित तार और दूसरा, परिवाहक (कूरियर), यानी ले जानेवाली वाहक वायु तथा तीसरा, यानी शब्द बोधक कान!

सितार का तार जितना छोटा किया जाता है, सुर उतने ही ऊँचे सप्तक में पहुँचता चला जाता है। इसी रूप में वायु स्पंदन 20,000 बार होने से असहनीय ऊँचा सुर सुनने को मिलता है। तार को और छोटा करने से सुर और नहीं सुनाई देता। तार तब भी काँप रहा होता है, लेकिन कान वह ऊँचा सुर नहीं सुन सकता। ऊँचे सुर सुनने की जैसे एक सीमा रहती है, नीचे की तरफ भी वैसे ही है, मोटे तार या इस्पात से आघात करने से बहुत धीमा स्पंदन देखने को मिलता है, लेकिन कोई शब्द नहीं सुनाई देता। कंपन संख्या (आवृत्ति) 16 से 20,000 तक होने से ही वह सुनाई देता है; अर्थात् हमारी श्रवण शक्ति 11 सप्तकों में सीमावद्ध है। कान की असंपूर्णता के कारण बहुत से सुर हमारे लिए निःशब्द हैं।

वायुराशि के कंपन से जिस प्रकार शब्द उत्पन्न होता है, अंतरिक्ष (Space) के स्पंदन से ही प्रकाश उत्पन्न होता है। श्रवण इंद्रियों की असंपूर्णता के कारण हम 11 सप्तकों के सुर सुन पाते हैं। लेकिन देखनेवाली इंद्रियों की असंपूर्णता और भी ज्यादा है; अंतरिक्ष के अगणित सुरों के बीच में हम एक सप्तक मात्र देखने में सक्षम हैं। अंतरिक्ष स्पंदन हर सेकंड में 40,000 अरब बार होने से वह

रक्तिम प्रकाश के रूप में उपलब्ध होती हैं; कंपन संख्या दोगुनी होने से बैंगनी रंग दिखता है। पीला, हरा और नीला प्रकाश इसी सप्तक का अंश है। कंपन संख्या 4,00,000 अरब के ऊपर उठने से आँखें परास्त हो जाती हैं और दृश्य तब अदृश्य में मिल जाता है।

अंतरिक्ष स्पंदन में ही प्रकाश की उत्पत्ति है, वह दृश्य हो या अदृश्य हो। अब सवाल उठ सकता है कि ये अदृश्य रश्मि कैसे पकड़ी जा सकती है और ये रश्मि प्रकाश हैं, इसका प्रमाण क्या है ? इस विषय में कुछ परीक्षणों का वर्णन करूँगा। जर्मन अध्यापक हट्र्ज ने पहली बार इलेक्ट्रिक उपायों से अंतरिक्ष में कंपन/लहर उत्पन्न की थी। लेकिन उनकी लहर आकार में वृहत् होने की वजह से सरल रेखा में जाने के बजाय वक्र हो जाती थी। दृश्य रश्मि के आलोक के सामने एक धातु फलक पकड़ने से पीछे परछाईं आती है; लेकिन वृहदाकार अंतरिक्ष की लहरें घूमकर रुकावट के पीछे पहुँच जाती हैं, पानी की विशाल लहरों के सामने विशाल पत्थर रखने से ऐसा ही दृश्य देखने को मिलता है। दृश्य और अदृश्य प्रकाश की प्रकृति हैं एक ही, उन्हें बुद्धिमत्ता से प्रमाणित करने के लिए अदृश्य प्रकाश की लहर को तोड़ना जरूरी है। मैंने जिस मशीन का निर्माण किया था, उससे उत्पन्न विद्युत् चुंबकीय तरंग (EM Wave) की लंबाई इंच की छाया का एक भाग ही है मात्र। इस मशीन में एक छोटे उपकरण के अंदर विद्युत् तरंग (Electric Wave) उत्पन्न होती है, एक दिशा में एक खुली नाल है; उसके अंदर से अदृश्य प्रकाश बाहर निकलता है। इस प्रकाश को हम देख नहीं सकते। शायद अलग जीव में कोई इसे देख सकता हो। परीक्षण करके देखा है, इस प्रकाश में पौधे उत्तेजित होते हैं।

अदृश्य प्रकाश देखने के लिए कृत्रिम आँखों का निर्माण जरूरी है। हमारी आँखों के पीछे नसों से बना एक परदा है। उसके ऊपर प्रकाश पड़ने से नसों में उत्तेजना होती है, वह मस्तिष्क के विशेष अंग को प्रकाशित करता है और उन कंपनों से प्रकाश का अनुभव होता है। कृत्रिम आँखों का गठन कुछ इसी तरह है। दो धातुखंड परस्पर स्पर्श करके रखे होते हैं। संयोग स्थल में अदृश्य प्रकाश पड़ने से अचानक परमाणविक परिवर्तन होता है और उसके फलस्वरूप विद्युत् स्रोत बहकर चुंबक का काँटा हिला देता है। गंगा लहरों से जैसे घाट की रेत

हिलाकर संकेत करती है, अदृश्य प्रकाश देखने से कृत्रिम आँखें भी उसी तरह काँटा हिलाकर प्रकाश उपलब्धि ज्ञापन करती हैं।

प्रकाश की साधारण विशेषताएँ

अब देखते हैं कि दृश्य और अदृश्य प्रकाश की प्रकृति समान हैं या अलग-अलग। दृश्य प्रकाश की प्रकृति है—

1. यह एक सीधी रेखा में चलता है।
2. धातु से बने दर्पण पर गिरने से यह (प्रकाश की किरणें) धक्का खाकर लौट आती हैं। किरणों के प्रतिफलित होने का भी एक विशेष नियम है।
3. प्रकाश के आघात से परमाण्विक स्तर पर परिवर्तन होता है, इसलिए प्रकाश से घायल पदार्थ के स्वाभाविक गुण परिवर्तित होते हैं। फोटोग्राफिक प्लेट पर जो प्रकाशिक छवि गिरती है, उससे रासायनिक परिवर्तन होता है और डेवलपर के ढलने से छवि प्रकट हो उठती है।
4. हर प्रकाश का रंग एक ही नहीं है। कोई लाल, कोई पीला, कोई हरा, कोई नीला है। अलग-अलग पदार्थ विभिन्न रंगों के लिए अलग-अलग पारदर्शी या अपारदर्शी होता है।
5. प्रकाश वायु से होकर किसी अन्य पारदर्शी पदार्थ के ऊपर गिरने पर अपने पथ से विचलित होता है। प्रकाश की किरणें प्रिज्म के ऊपर पड़ने से यह स्पष्ट दिखता है, काँच के फाइबर (ऑप्टिकल फाइबर) के द्वारा प्रकाश को बहुत दूर तक भेजा जा सकता है।
6. प्रकाश की लहरों की सामान्यतया कोई शृंखला नहीं होती, वे हर दिशा में फैली हुई हैं, मतलब कभी ऊपर, कभी नीचे और कभी उत्तर, कभी दक्षिण स्पंदित होती हैं। फिटकरी जैसे पदार्थ से प्रकाश को एकमुखी, यानी पोलेराइज्ड किया जा सकता है, तब कंपन सर्वमुखी न होकर एकमुखी हो जाते हैं। एकमुखी प्रकाश (पोलेराइज्ड प्रकाश) के विशेत्र धर्म के बारे में बाद में बताऊँगा।

दृश्य और अदृश्य प्रकाश दोनों प्रकाश के ही दो रूप हैं, अभी इसकी परीक्षा के बारे में वर्णन करूँगा। पहले तो अदृश्य प्रकाश सीधा रेखा में चलता है,

उसका प्रमाण यह है कि विद्युत् की लहरों के निकलने के लिए जो नल है, उस नल के मुँह के सामने कृत्रिम आँख रखने से उसकी सुई हिल उठती है। आँख को एक किनारे रखने से कोई भी उत्तेजना का चिह्न नहीं दिखाई देता।

दर्पण से जैसे दृश्य प्रकाश धक्का खाकर लौट आता है और वह लौट आना जिस नियम के अधीन है, अदृश्य प्रकाश भी उसी रूप में और उस ही नियम के चलते धक्का खाकर लौट आता है। दृश्य प्रकाश के आघात से परमाण्विक परिवर्तन होता है। अदृश्य प्रकाश भी परमाण्विक परिवर्तन करता है, यह प्रमाणित करने में मैं सफल हुआ हूँ।

प्रकाश के विभिन्न रंग

पहले ही बोला है कि दृश्य प्रकाश के अलग-अलग रंग होते हैं, अनुभूति के द्वारा रंग की विभिन्नता को आसानी से उपलब्ध किया जा सकता है, लेकिन रंग की विभिन्नता बहुत लोग पकड़ नहीं पाते। वे रंगों के लिए अंधे होते हैं। रंगों की विभिन्नता दूसरे तरीकों से भी समझी जा सकती है, उस विषय के बारे में बाद में बताऊँगा। यहाँ बताना जरूरी है कि मनुष्य की दृष्टि सीमा कदम-दर-कदम बढ़ रही है।

बहुत पहले पुरुष का रंग ज्ञान संकीर्ण था, वह कम-से-कम एक दिशा में (कम तरंग दैर्ध्य की ओर) प्रसारित हुआ है। दूसरी दिशा में भी किसी दिन प्रसारित होगा। फिर अभी जो अदृश्य है, वह कल दृश्य की सीमा में आएगा।

वह जो भी हो, अदृश्य प्रकाश के रंग से संबंधित कुछ अद्भुत परीक्षणों के बारे में व्याख्या करूँगा। खिड़की के काँच का कोई विशेष रंग नहीं है, सूरज की किरणें उसके अंदर बिना किसी रुकावट के आ जाती हैं, इसलिए दृश्य प्रकाश के लिए काँच भी पारदर्शी है और पानी भी। लेकिन पत्थर-कंकड़ अपारदर्शी हैं, तार और भी अपारदर्शी है। दृश्य प्रकाश के बारे में बताया—अदृश्य प्रकाश के सामने खिड़की का काँच पकड़कर खड़े हो जाने से वह भी अंदर वैसे ही आराम से चला आता है। लेकिन पानी के गिलास के सामने पड़ने से अदृश्य प्रकाश एक बार जैसे थम जाता है और अंदर नहीं आ पाता। कितनी अद्भुत बात है! उससे भी ज्यादा आश्चर्य की बात यह है कि कंकड़-पत्थर, जिनको हम अपारदर्शी

मानते थे, वे अदृश्य प्रकाश के लिए पारदर्शी हैं। और तार के लिए? यह खिड़की के काँच से ज्यादा अदृश्य प्रकाश के लिए पारदर्शी है! कहीं एक अद्भुत देश के बारे में पढ़ा था; उस देश में पानी से मछलियाँ फिशिंग-छड़ फेंककर इनसानों का शिकार करती हैं। अदृश्य प्रकाश का कार्य भी जैसे कुछ उसी रूप में अद्भुत होगा। लेकिन असल में ऐसा नहीं होता। दृश्य प्रकाश की इतनी आश्चर्यजनक घटनाएँ देखी हैं; हमें वह देखने की आदत है, इसलिए हम आश्चर्यचकित नहीं होते, सामने एक सफेद कागज के ऊपर दो अलग-अलग प्रकाश की रेखाएँ गिर रही हैं; एक का रंग लाल है और एक का हरा। बीच में खिड़की का काँच रख देने से जो प्रकाश आराम से पार कर जाता है, अब बीच में लाल रंग का काँच पकड़ता हूँ तो लाल रंग आराम से निकल जा रहा है, लेकिन हरा रंग रुक जाता है। हरे रंग का काँच पकड़ने से हरा प्रकाश नहीं रुकता, लेकिन लाल प्रकाश रुक जाता है। इसका कारण यह है कि—

1. सब प्रकाश एक ही रंग के नहीं होते।
2. कोई पदार्थ के प्रकाश के लिए पारदर्शी हो सकता है, लेकिन दूसरे के लिए अपारदर्शी हो सकता है।

अगर रंग पहचानने की क्षमता है तो किसी पदार्थ के अंदर से एक प्रकाश जा रहा है या दूसरा प्रकाश जा रहा है, यह देखकर निश्चित रूप से कह सकते हैं, दोनों प्रकाश किरणों के रंग अलग-अलग हैं। तार दृश्य प्रकाश के लिए अपारदर्शी और अदृश्य प्रकाश के लिए पारदर्शी है, यह जानकर अदृश्य प्रकाश किसी दूसरे रंग का है, यह सिद्ध होता है। हमारी दृष्टि शक्ति का प्रसारण होने के बाद यह इंद्रधनुष से भी ज्यादा, कल्पना से परे तमाम नए रंगों का अस्तित्व देख पाते। लेकिन क्या उससे हमारी रंगों की भूख मिट पाती?

मिट्टी या काँच का बेलन

पहले ही बताया है कि प्रकाश एक पारदर्शी वस्तु से दूसरी पारदर्शी वस्तु में जाने से अपने पथ से विचलित हो जाता है। त्रिकोण काँच (प्रिज्म) और त्रिकोण पत्थर के टुकड़े से दृश्य और अदृश्य प्रकाश एक ही नियम के अधीन हैं, यह साबित किया जा सकता है। बेलनाकार काँच के द्वारा दृश्य प्रकाश को

जैसे बहुत दूर तक आसानी से भेजा जा सकता है, वैसे ही अदृश्य प्रकाश को भी भेजा जा सकता है। लेकिन इसके लिए काँच की बहुत महँगी नलिकाओं की जरूरत होगी, ऐसे ही प्रेसिडेंसी कॉलेज के सामने जिस पत्थर से बना गोल खंभा है, उससे अदृश्य प्रकाश को दूर तक भेजने में समर्थ हुआ हूँ। दृश्य प्रकाश को रोकने/बिखेरने में हीरे की क्षमता अद्‌भुत है। पदार्थ विशेष में प्रकाश को रोकने की क्षमता जैसे ज्यादा होती है, उसकी प्रकाश को उत्सर्जित करने की क्षमता भी ज्यादा होती है। इसी कारण से हीरा बहुत बहुमूल्य है। आश्चर्यजनक बात यह है कि चीनी मिट्टी के बरतन में अदृश्य प्रकाश को रोकने की क्षमता हीरे से भी अधिक है। तो अगर किसी दिन हमारी दृष्टि शक्ति प्रसारित होकर रक्तिम प्रकाश की सीमा के पार होती है, तब हीरा तुच्छ होगा और चीनी मिट्टी के बरतन का मूल्य बहुत अधिक बढ़ जाएगा। पहली बार विदेश जाने के समय आदतन खाना खाने के लिए चीनी मिट्टी से बने बरतनों को स्पर्श करने में घिन आती थी। ब्रिटेन में एक आलीशान भवन में आमंत्रित होने के बाद देखा कि वहाँ दीवारों पर बहुत सारे चीनी मिट्टी से बने बरतन सजाए गए हैं। इनका ऐसे क्या मूल्य है कि इतनी देखभाल की जाती है? पहले समझ नहीं पाया था, अभी समझा हूँ कि अंग्रेज व्यापारी दिमागवाले होते हैं। अदृश्य प्रकाश दृश्य होने से चीनी मिट्टी के बरतन बहुमूल्य हो जाएँगे। तब उनके सामने हीरे की कहाँ कीमत होगी? तब सुंदर महिलाएँ हीरे के नेकलेस को त्यागकर चीनी मिट्टी के नेकलेस गर्व के साथ पहनेंगी और यह न पहननेवाली महिलाओं को नीची दृष्टि से देखेंगी।

सर्वमुखी प्रकाश और एकमुखी प्रकाश
(Unpolarised and Polarised Light)

दीपक या सूरज का प्रकाश हमेशा सर्वमुखी होता है, अर्थात् स्पंदन एक बार में ऊपर की तरफ, दूसरी बार दक्षिण की तरफ होते हैं। लंका द्वीप की टूरमैलीन मूर्ति प्रकाश भेजने से वह एकमुखी हो जाता है। दो टूरमैलीन के टुकड़ों को समानांतर तरीके से पकड़ने से प्रकाश दोनों के बीच से पार कर जाता है, लेकिन एक को दूसरे के ऊपर लंबवत् रखने से प्रकाश दोनों के

बीच से ही नहीं बाहर जा पाता। अदृश्य प्रकाश को भी ऐसे एकमुखी किया जा सकता है। यह किस प्रकार होता है, यह समझने के लिए नैतिक शिक्षा की सारस और लोमड़ी की कहानी को याद करना पड़ेगा। सारस लोमड़ी को निमंत्रण करने और तरल पदार्थ ग्रहण करने के लिए बार-बार अनुरोध कर रहा था। लंबी बोतल में तरल पदार्थ जमा हुआ था। सारस लंबी चोंच के सहारे आसानी से वह पी गया, लेकिन लोमड़ी सिर्फ बोतल के होंठ चाटकर रह गई। अगले दिन लोमड़ी ने इसका बदला लिया। तरल पदार्थ को इस बार उसने थाली में परोसा। तब सारस अपनी चोंच को एकदम जमीन में सटाकर भी पानी को पी सकने में समर्थ नहीं हुआ। बोतल और थाली से जैसे लंबे और चौड़ी चोंचवाले मुँह को अलग किया जा सकता है, इसी तरह एकमुखी प्रकाश का अंतर भी पकड़ा जा सकता है। वह लंबा या चपटा, ऊपर या इस पार हो सकता है।

सारस-कछुआ संवाद

मान लो, जानवरों के दो समूह मैदान में घूम रहे हैं—लंबे जान्वर हैं सारस, और चपटे जानवर हैं कछुआ। हर एक दिशा में जानेवाला अदृश्य प्रकाश भी इसी रूप में दो प्रकार के स्पंदनों का जोड़ है। दो प्रकार के जीवों को अलग-अलग करने का आसान उपाय है सामने लोहे की कई छड़ों को जानवरों के लंबवत् रख देना। जानवरों का पीछा करने से लंबा सारस अराम से पार हो जाएगा; लेकिन चपटा कछुआ छड़ों के इस तरफ ही रह जाएगा। लेकिन पहली छड़ की बाधा पार करने के बाद सामने अगर फिर से छड़ें पहली छड़ों के समानांतर रखी जाएँ तो दूसरी बार भी सारस पार कर जाएँगे; लेकिन अगर छड़ें पहले की छड़ों के लंबवत् रख दी जाएँ तो सारस भी अटक जाएँगे। ऐसे एक बार अदृश्य प्रकाश के सामने विशेष पदार्थ रख देने से प्रकाश एकमुखी हो जाता है। दूसरी बार समानांतर रख देने से भी प्रकाश उसके भीतर से जा पाएगा, अतः दूसरी बार भी वह प्रकाश के लिए पारदर्शी होगा। लेकिन दूसरी बार लंबवत् रख देने से प्रकाश और पार नहीं कर पाएगा, तब पदार्थ का यह टुकड़ा अपारदर्शी प्रतीत होगा। अगर प्रकाश एकमुखी होता है, तब किसी वस्तु

को एक खास तरीके से रखने से भी वह अपारदर्शी प्रतीत होगा, लेकिन लंबवत् घुमाकर रखने से उसके अंदर से होकर प्रकाश जा पाएगा। पुस्तक के पन्ने हर बार की तरह सजे हुए हैं। विदेश में रॉयल इंस्टीट्यूट में भाषण देने के समय मेज के ऊपर एक रेलगाड़ी की समय-सारणी रखी हुई थी, उसमें दस हजार ट्रेनों का किराया और अन्य जानकारी बहुत छोटे-छोटे अक्षरों में छपी हुई थी। वह इतनी जटिल थी कि किसी का सामर्थ्य नहीं था कि उससे कोई सूचना पढ़ पाए। मैंने पुस्तक के काले अंधकार की तरफ ध्यान न देकर परीक्षण के समय दिखाया कि किताब को इस प्रकार पकड़ने पर इससे प्रकाश नहीं जा पाता, लेकिन नब्बे डिग्री घुमाने से पुस्तक एक बार पारदर्शी हो जाती है। परीक्षण दिखाने के बाद ही हँसी की आवाज गूँजने लगी। पहले यह रहस्य नहीं समझ पाया। बाद में समझ आया था। लार्ड रेले आकर बोले कि ब्रास (किताब का कवर) के अंदर से पार करके प्रकाश कोई भी नहीं देख पाया है। कैसे रखने से प्रकाश पार होकर दिखता है, यह अगर सिखाएँगे तो पूरा विश्व आपका आभारी रहेगा। मेरा वैज्ञानिक लेख पढ़कर कोई-न-कोई आश्चर्य करेगा, उसे समझने में समर्थ नहीं होगा। तो फिर किताब को 90 डिग्री घुमाकर पकड़ने से ही सारी जानकारी क्या एक बार में समझ में आ जाएगी?

अदृश्य प्रकाश को एकमुखी करने के लिए एक उपाय ईजाद किया था। हालाँकि अंतरिक्ष स्पंदन बहुत ही बेतरतीबी से नारी के बालों के अंदर प्रवेश करता है, लेकिन बाहर आकर एकदम क्रम में हो जाता है, विदेश में फैशन की दुकानों से बहुत सारे विग मैंने एकत्र किए। उनके बीच में फ्रांस की महिला के घने काले बाल सबसे अधिक काम के थे। इस विषय में जर्मन महिलाओं के गेरुए बाल काफी हद तक कमजोर हैं, पेरिस में जब यह परीक्षण दिखाया तो वहाँ के एक विद्वान् यह सिद्धांत देखकर बहुत खुश हो गए। इसके सहारे उनकी दुश्मन जाति के ऊपर उनका आधिपत्य प्रमाणित हुआ, इसमें कोई संदेह नहीं है। बोलने की जरूरत नहीं पड़ती कि बर्लिन में यह परीक्षण नहीं दिखाया था। इन सब परीक्षणों के बारे में बताया, उनसे देखा जाता है कि दृश्य और अदृश्य प्रकाश की प्रस्तुति एक ही है, हमारी दृष्टि शक्ति की असंपूर्णता हेतु उसको अलग मानते हैं।

बेतार संवाद

अदृश्य प्रकाश पत्थर-कंकड़, घर-मकान भेदकर के आराम से पार चला जाता है, इसलिए इसके द्वारा बिना तार की सहायता के संवाद भेजा जा सकना है। सन् 1895 में कलकत्ता के टाउन हॉल में इस बारे में कई प्रयोग प्रदर्शित किए थे। बंगाल के लेफ्टिनेंट गवर्नर सर विलियम मेकेंजी भी उपस्थित थे। इलेक्ट्रिक तरंगों ने उनका विशाल शरीर और दो बंद कमरे पार करके तीसरे कमरे में पहुँचकर हरकत मचाना शुरू कर दिया था। एक लोहे का छोटा गोला छोड़ा गया, एक पिस्तौल ने धमाका किया। साल 1907 में मार्कोनी ने बेतार संचार प्रणाली का पेटेंट ले लिया। उनकी अद्‌भुत दृढ़ इच्छा और विज्ञान के अनुप्रयोग के विकास के द्वारा की गई उपलब्धि के साथ पृथ्वी में एक नया युग शुरू हुआ। पृथ्वी पर दूरियाँ एक बार में खत्म हो गईं। पहले दूर देश में सिर्फ टेलीग्राफ के सहारे समाचार भेजा जाता था, अभी बिना तार यानी बेतार के समाचार पहुँच जाता है।

सिर्फ यह ही नहीं, मनुष्य की खुद की आवाज भी बेतार से आकाशीय तरंगों के सहारे बहुत दूर तक सुनी जा रही है। वह आवाज सबको सुनाई नहीं देती, सुनने के लिए कान को अंतरिक्ष के सुर के साथ मिलाना पड़ता है। इस प्रकार पृथ्वी के एक प्रांत से दूसरे प्रांत तक दिन-रात बातचीत चल रही है। कान लगाकर फिर सुनो, "कहाँ से खबर भेज रहे हो? उत्तरी समुद्र की कोख में, 300 हाथ की गहराई में नीचे डूबे हैं। तारपीडो से तीन लड़ाकू जहाज डुबोए हैं और दो प्रतीक्षा में हैं, फिर यह क्या? एक बार में लाखों कमान का गर्जन सुना जा रहा है, लावा विस्फोट में जैसे मिट्टी चीर दी गई। बाद में समझा कि महासाम्राज्य खत्म हुआ है, कल से पृथ्वी का इतिहास दूसरे प्रकार का होगा। इस भीषण आवाज के बीच मनुष्य-कंठ की कितनी अंतर्वेदना की आवाज, कितनी चीख, कितनी जिज्ञासा और कितने उत्तर सुने जाते हैं? इस बीच कोई एक बुद्धू की तरह बार-बार एक ही नाम पुकार रहा है—'कहाँ हो तुम, कहाँ हो तुम?' कोई उत्तर नहीं आया—वह पृथ्वी पर अब और नहीं है।

इस तरह दूर तक अंतरिक्ष का सुर सुनाई दे रहा है। मान लो कि कोई अदृश्य उँगली इलेक्ट्रिक अंग के विभिन्न स्तरों में आघात कर रही है। बाईं

तरफ आघात करने से एक सेकंड में एक स्पंदन हुआ, वैसे ही शून्य मार्ग में इलेक्ट्रिक तरंग दौड़ी। क्या वह हजार मीलों तक फैली हुई लहर है! उसने आराम से हिमांचल का उल्लंघन करके एक सेकंड में पृथ्वी की 10 बार परिक्रमा कर ली। अब अदृश्य उँगली ने दूसरे स्तर पर आघात किया। इस बार हर सेकंड में अंतरिक्ष दस बार स्पंदित हुआ। इस तरीके से अंतरिक्ष का सुर और ऊपर उठा; स्पंदन की संख्या एक से लाख करोड़ बार बढ़ जाती है। अंतरिक्ष सागर में डूबकर हम अनगिनत लहरों से घायल होंगे, लेकिन इस कारण हमारी किन्हीं इंद्रियों का जागरण नहीं होता। अंतरिक्ष स्पंदन और ऊपर जाने से फिर कुछ समय के लिए ऊर्जावान महसूस करेगा। उसके बाद आँख उत्तेजित होगी और रक्तिम, पीला प्रकाश देख पाओगे। यह दृश्य एक सप्तक में सीमित है। सुर और ऊँचा उठने से दृष्टि शक्ति फिर से परास्त हो जाएगी, अनुभूति शक्ति और नहीं जागेगी, थोड़े समय के प्रकाश के बाद फिर अँधेरा है।

फिर तो तुम इस अँधेरे के बीच में एकदम खोए हुए हो। हम कितना ही देख पाते हैं? एकदम थोड़ा सा। असीम ज्योति के बीच अंधे की तरह घूम रहे हैं और टूटा हुआ दिशा-निर्देशक लेकर पहाड़ पार करने की कोशिश कर रहे हैं। हे अनंत पथ के यात्री! तुम्हारा सहारा कौन है? सहारा कुछ नहीं, है सिर्फ विश्वास के सहारे प्रबल समुद्र के गर्भ में शरीर की अस्थियाँ दान करके महाद्वीप की रचना कर रहा है। ज्ञान साम्राज्य इस अस्थि पट में तिल-तिल कर बढ़ रहा है। अँधेरे से शुरुआत, अँधेरे में ही खत्म, बीच में दो-एक क्षीण प्रकाश रेखाएँ दिख रही हैं। मनुष्य के अध्यावसाय के बल पर घना कुहासा खत्म होगा और एक दिन विश्वजगत् ज्योतिर्मय हो उठेगा।

□

फरार तूफान

वैज्ञानिक रहस्य

पहला भाग

कुछ साल पहले एक बहुत ही आश्चर्यजनक भौतिक घटना हुई। इसको लेकर कई आंदोलन भी हो चुके हैं और इस विषय पर यूरोप तथा अमेरिका की बहुत सारे वैज्ञानिक पत्रिकाओं में लेख लिखे गए हैं। लेकिन अब तक कुछ निष्कर्ष नहीं निकला है।

28 अक्तूबर की तारीख को कलकत्ता के अंग्रेजी अखबार में शिमला से आए टेलीग्राम के माध्यम से एक खबर प्रकाशित हुई—

शिमला, मौसम विभाग, 29 सितंबर,

'बंगाल की खाड़ी में बहुत ही जल्द एक तूफान आने की संभावना है।'

29 तारीख के अखबार में यह खबर छपी—

मौसम विभाग अलीपुर।

'दो दिन के अंदर बहुत तेज तूफान आएगा, इसलिए डायमंड हार्बर से नावें/नौकाएँ हटा ली गई हैं।'

30 तारीख के अखबार में जो खबर छपी, वह और भी डरावनी थी—

'आधे घंटे के अंदर दबाव मापक यंत्र में सुई 2 इंच नीचे चली गई है। कल 10 बजे कलकत्ता में बहुत तेज तूफान आएगा, ऐसा तूफान कई सालों में नहीं आया है।'

कलकत्ता के निवासी उस रात सो नहीं पाए। कल क्या होगा, यह सोचकर सब लोग डरे हुए हृदय के साथ अपेक्षा करने लगे।

01 अक्तूबर को आकाश में बहुत घने बादल छा गए। दो-चार बूँद बारिश टपकने लगी।

सारा दिन बादलों से घिरा रहा, लेकिन शाम को चार बजे अचानक से साफ हो गया। तूफ़ान का नामोनिशान नहीं रहा।

उसके अगले दिन मौसम विभाग ने अखबार में यह खबर भेजी—

'कलकत्ता में तूफान आनेवाला था, लगता है कि समुद्र तटीय इलाकों की ओर मुड़कर यह तूफान किसी दूसरी दिशा की ओर चला गया है।'

तूफान किस तरफ गया है, यह जानने के लिए हर दिशा में लोग भेजे गए हैं, लेकिन उसका कोई निशान नहीं मिला है।

उसके बाद सर्वप्रधान अंग्रेजी अखबार ने लिखा—'इतने दिनों में पता चला, विज्ञान पूरा ही मिथ्या/ढकोसला है।'

दूसरे अखबार ने लिखा—"अगर ऐसा ही है तो गरीब करदाताओं को दुःख देकर मौसम विभाग जैसा निरर्थक दफ्तर रखकर फायदा ही क्या?"

तब अलग-अलग अखबार बोल उठे—"हटा दो।"

सरकार मुश्किल में पड़ गई। कुछ दिन पहले मौसम विभाग के लिए लाखों रुपयों का तापमान मापक यंत्र और वायुदाब मापक यंत्र लगाया गया है। वह सब भी टूटी हुई काँच की बोतल के दाम भी नहीं बिकेंगे और मौसम विभाग के प्रमुख को और किसी काम में नियुक्त किया जा सकता है क्या?

निरुपाय होकर सरकार ने कलकत्ता मेडिकल कॉलेज को एक पत्र लिखकर भेजा—

'हमारी यह इच्छा है कि पादप विज्ञान के एक नए प्रोफेसर की आपके यहाँ नियुक्ति हो। वे 'वायु के दबाव के साथ मनुष्य के स्वास्थ्य के संबंध' के बारे में पढ़ाएँगे।'

मेडिकल कॉलेज के प्रधानाध्यापक ने उत्तर में यह लिखकर भेजा—

'अच्छी बात है, वायु का दबाव कम हो जाने से धमनियों में सूजन आ जाती है, उनमें रक्त संचालन बढ़ जाता है, उससे हमारा स्वास्थ्य खराब हो सकता है, इसमें कोई संदेह नहीं है। लेकिन कलकत्ता के निवासी फिलहाल दूसरे कारणों से बहुत दबाव में हैं—

1. वायु	प्रति स्क्वायर इंच	15 पाउंड
2. मलेरिया	20	"
3. पेटेंट की गई औषधियाँ	30	"
4. विश्वविद्यालय	50	"
5. आयकर	80	"
6. नगरपालिका कर	1 टन	"

वायुदाब का 2/1 इंच का बढ़ना 'भारी बोझ के ऊपर ही एक जंजीर फँसा देने' जैसा है। इसलिए कलकत्ता में इस नए अध्यापन को शुरू करने से बहुत फायदा होगा, ऐसा नहीं लगता।

लेकिन शिमला शहर में वायुदाब और बहुत अन्य दबाव अपेक्षाकृत कम हैं। वहाँ उपरोक्त प्रोफेसर की नियुक्ति का फायदा दिख सकता है।'

इसके बाद सरकार चुप हो गई। मौसम विभाग इस बार बच गया।

लेकिन जिस समस्या को लेकर झमेला हुआ था, वह खत्म नहीं हुई। एक बार किसी वैज्ञानिक ने विदेश के 'नेचर' जर्नल में जरूर लिखा था कि एक अदृश्य धूमकेतु के आकर्षण में घूमती हुई वायुराशि ऊपर उठ गई है।

ये सब अनुमान मात्र हैं। अभी भी इस विषय को लेकर वैज्ञानिक जगत् में बहुत झगड़े चल रहे हैं। ऑक्सफोर्ड में जो ब्रिटिश एसोसिएशन की बैठक हुई थी, उसमें एक जर्मन प्रोफेसर ने 'फरार तूफान' के संबंध में एक बहुत पांडित्यपूर्ण लेख पढ़कर वैज्ञानिक समुदाय में विस्मय उत्पन्न किया था। लेख की शुरुआत में प्रोफेसर ने बोला था, "तूफान वायुमंडल का घूर्णन मात्र है। पहले यह देखा जाए कि वायुमंडल उत्पन्न कैसे हुआ? पृथ्वी जब उबलती हुई घातु के गोले जैसे सूरज से टूटकर उत्पन्न हुई थी, तब वायु की उत्पत्ति नहीं हुई थी। कैसे इन अम्लजन (Oxygen), द्विअम्लजन (CO_2) और उद्जन (Hydrogen) की उत्पत्ति हुई, यह सृष्टि का एक गहरा रहस्य है। नाइट्रोजन (Nitrogen) की उत्पत्ति और भी रहस्यपूर्ण है। मान लेते हैं, किसी एक प्रकार से वायुराशि की उत्पत्ति हुई। लेकिन इसमें बहुत बड़ी समस्या यह है, किस कारण से वायु अंतरिक्ष के शून्य में मिल नहीं जाती? इसका मूल कारण पृथ्वी का गुरुत्वाकर्षण बल है। आपेक्षिक घनत्व के अनुसार पदार्थ के ऊपर पृथ्वी

का आकर्षण बल कम या ज्यादा होता है। जिसका भी घनत्व ज्यादा है, उसके ऊपर बल ज्यादा है, वह उसी परिमाण में बँधा हुआ है। हलकी वस्तुओं के ऊपर बल कम है, इसलिए वे अपेक्षित रूप से उन्मुक्त हैं। ठीक इसी कारण से यदि तेल और पानी को मिश्रित किया जाए तो कम घनत्ववाला तेल ऊपर तैरता है। उद्जन (Hydrogen) बहुत हलकी गैस है, इसलिए बहुत ज्यादा उन्मुक्त है और ऊपर उठकर भागने की कोशिश करती है, लेकिन गुरुत्वाकर्षण बल एक बार में टाल नहीं पाती। आपेक्षिक घनत्व को लेकर वैज्ञानिक सच इस तरह रिकॉर्ड हुआ है कि पृथ्वी के हर स्थान में यह लागू होता है, इस बात में संदेह है। कारण भारत नामक देश में जहाँ पुरुष जाति अधिक (शक्ति) घनत्व की स्वामी होते हुए भी अधिक मुक्त है और उसी के साथ लघु शक्ति घनत्ववाली स्त्री दबी-कुचली है!

जो भी हो, पदार्थ गुरुत्वीय बल के कारण ही धरती की सतह पर बँधा हुआ है। पदार्थ की मृत्यु के बाद की अलग कहानी है। मनुष्य मरकर जब भूत होता है, तब उसके ऊपर पृथ्वी का कोई कर्तव्य नहीं रहता। कोई-कोई कहता है, मरने के बाद भी मुक्ति नहीं है, इसका कारण यह है कि भूतों को भी थियोसोफिकल सोसाइटी के आदेशों का पालन करते हुए चलना-फिरना पड़ता है। पदार्थ की भी मृत्यु होती है, पदार्थ के संबंध में मृत्यु के सिद्धांत का प्रयोग करना भूल/गलती है; इसका कारण यह है कि रेडियम धक्का खाकर तीन भागों में बँट जाता है, अर्थात् अल्फा, बीटा और गामा इन तीन भूतों के रूप में परिणत हो जाता है। इस रूप में पदार्थ का अस्तित्व इस प्रकार लोप हो जाता है, जिस प्रकार से अपदार्थ शून्य में मिल जाता है। किंतु जब तक पार्थिव पदार्थ जीवित रहता है, उतने दिन पृथ्वी छोड़कर यह पलायन नहीं कर पाता।

हालाँकि पदार्थ पृथ्वी से क्यों पलायन नहीं करते, प्रोफेसर महोदयों ने इस संबंध में अकाट्य वैज्ञानिक तरीके के प्रयोग किए, तथापि तूफान कैसे पलायन करता है, इस संबंध में कुछ भी नहीं बोले।

इस घटना (तूफान के फरार होने) का असली कारण विश्व में एक ही इनसान जानता है—वह मैं हूँ।

अगले भाग में इसका विस्तृत रूप में वर्णन करूँगा।

दूसरा भाग

पिछले साल मुझे बहुत तेज बुखार हुआ था। लगभग एक महीने बिस्तर पर था।

डॉक्टर ने बोला कि समुद्र यात्रा करनी पड़ेगी, नहीं तो फिर से बुखार हुआ तो बचने की संभावना नहीं है। मैं जहाज में लक्षद्वीप जाने के लिए तैयारी करने लगा।

इतने दिन तेज बुखार की वजह से मेरे सिर के घने बाल अब बिरले हो चुके हैं। एक दिन मेरी आठ साल की बेटी ने आकर पूछा, "बाबा, द्वीप किसे बोलते हैं?" मेरी बेटी ने भूगोल पढ़ना शुरू किया था। मेरा उत्तर पाने से पहले ही बोल उठी, उसने 'ये द्वीप' बोलकर मेरे प्रशांत महासागर की तरह खाली बालों के बीच में एक-दो बालों के गुच्छों की तरफ इशारा किया।

उसके बाद बोली, "आपके सूटकेस में एक शीशी 'कुंतल केसरी' रख दिया है, जहाज में हर दिन इस्तेमाल कीजिएगा, नहीं तो समुद्र में नमक (वाली हवा) के लगने से इनका भी नामोनिशान नहीं बचेगा। 'कुंतल केसरी' का आविष्कार एक रोमांचकारी घटना है। सरकस दिखाने के लिए विदेश से एक अंग्रेज यहाँ आया था। उस सरकस में काले बालोंवाला शेर ही सबसे ज्यादा आश्चर्य की चीज था। दुर्भाग्य से, जहाज में आते वक्त एक कीड़े के काटने से उसके सिर के सारे बाल गिर गए थे और इस देश में बिना बालवाले शेर तथा बिना बालवाले कुत्ते में ज्यादा फर्क नहीं रहा। निरुपाय होकर सरकस का मालिक एक संन्यासी के पास गया और (उसने संन्यासी के) पैर की धूल लेकर हाथ जोड़कर बार-बार प्रार्थना की। एक तो म्लेच्छ, उसके ऊपर साहेब! समय दयालु था और संन्यासी मुग्ध हो गए तथा वरस्वरूप एक स्वप्नलब्ध अवद्योतिक तेल दान किया। बाद में वह तेल 'कुंतल केसरी' नाम से दुनिया भर में प्रसिद्ध हुआ। तेल की वजह से एक हफ्ते के अंदर शेर के खोए हुए बाल फिर से उग आए। बिना बालोंवाले मानव और उसकी पत्नी के लिए इस तेल की शक्ति असीम है। लोगों की अच्छाई के लिए यह शुभ खबर देश के हर अखबार में प्रकाशित हुई। यहाँ तक कि प्रसिद्ध मासिक मैगजीन के पहले पन्ने पर इस अद्भुत आविष्कार के बारे में लिखा गया।

28वीं तारीख को मैंने चूसान जहाज में समुद्र यात्रा की। पहले दो दिन अच्छे ही गए। पहली तारीख की सुबह समुद्र ने एक अलग ही मूर्ति का रूप धारण कर लिया, हवा चलनी एक बार जैसे बंद हो गई। समुद्र का पानी शीशे जैसा पारदर्शी हो गया।

कप्तान का दुःखी चेहरा देखकर मैं भी डर गया। कप्तान ने कहा, "ऐसा लग रहा है कि बहुत जल्द तूफान आएगा। हम किनारे से बहुत दूर हैं—अब ईश्वर की मर्जी।"

इस खबर को सुनने के बाद जहाज में जो डर में मिश्रित हलचल हुई, उसका वर्णन करना असंभव है।

देखते-ही-देखते आकाश बादल से ढक गया। चारों दिशाओं में बहुत जल्द अँधेरा हो गया और दूर से हवा के झपट्टे आकर जहाज को हिलाने लगे।

उसके बाद मूर्च्छा के बीच अचानक जो हुआ, उसके बारे में मुझे हलका अंदाजा है। कहाँ से अचानक जंजीरों में बँधे राक्षस मुक्त होकर पृथ्वी के संहार में लग गए।

समुद्र ने वायु के गर्जन के साथ महागर्जन के सुर मिलाकर संहार-मूर्ति का रूप धारण कर लिया। उसके बाद अनंत लहरें एक के बाद एक आकर जहाज के ऊपर आक्रमण करने लगीं।

एक ऊँची लहर जहाज के ऊपर आकर गिरी और मस्तूल तथा लाइफ-बोट भी टूट गई।

हम लोगों की अंतिम घड़ी आ गई। बुरे समय में जीवन की स्मृति जैसे जाग उठती है, उसी तरह मुझे अपनों की याद आई। आश्चर्य की बात यह है कि मेरी बेटी ने मेरे बिरले बालों को लेकर जो मजाक किया था, इस वक्त वह भी याद आ गया।

"बाबा, एक शीशी 'कुंतल केसरी' आपके बैग में रख दिया है।"

अचानक एक बात याद आ गई। वैज्ञानिक शोधपत्र में लहर के ऊपर तेल के प्रभाव के बारे में हाल में ही पढ़ा था। 'तेल चंचल जलराशि को नरम कर देता है,' यह याद आया।

मैं बैग खोलकर बहुत ही कष्ट के साथ तेल की शीशी खोलकर जहाज के डेक पर आ गया। जहाज जोरों से हिल-डुल रहा था।

मैंने ऊपर आकर देखा, साक्षात् कृतांतमय पर्वत के जैसी बड़ी एक फोम जैसी विशाल लहर जहाज को खाने आ रही थी।

मैंने 'जीव आशा परिहारी' समुद्र को लक्ष्य करके अपना कुंतल केसरी बाण छोड़ा। ढक्कन खोलकर मैंने शीशी को समुद्र में फेंका था; तेल तुरंत समुद्र में फैल गया। इंद्रजाल के प्रभाव में एक ही पल में समुद्र ने शांति की मूर्ति का रूप धारण कर लिया। कमनीय तेल के स्पर्श से वायुमंडल में शांति छा गई। एक ही पल के बाद सूर्य दिख गया।

इस तरह मैं निश्चित मृत्यु से छुटकारा पा गया था, इसी कारण वह खौफनाक तूफान कलकत्ता को स्पर्श नहीं कर पाया। कितने हजारों-हजार जानवरों की इस सामान्य तेल की बोतल के कारण असमय मृत्यु से रक्षा हो गई, उनकी गणना कौन करेगा?

□

अग्नि परीक्षा

सन् 1814 में ब्रिटिश सरकार ने नेपाल राज्य के विरुद्ध युद्ध की घोषणा कर दी। जनरल मार्नि काठमांडू पर आक्रमण करने के लिए आगे बढ़े। जनरल वुड ने गोरखपुर में अपना बेस बनाकर तराई प्रदेश पर आक्रमण किया। जनरल ओक्टरलोनी नेपाल राज्य के पश्चिम प्रांत में अमर सिंह के सैनिकों के विरुद्ध आगे बढ़े और जनरल गिलेस्पी देहरादून से कलिंग पर आक्रमण करने के लिए आगे बढ़े। इस प्रकार नेपाल पर चारों दिशाओं से एक बार आक्रमण हुआ। नेपाल में सैनिकों की संख्या थी 12,000; उसके विरुद्ध अंग्रेज सरकार के 29,000 सैनिक आगे बढ़े। युद्ध का कारण क्या है, उसके बारे में खोजबीन करना इस लेख का उद्देश्य नहीं है—जरूरत भी नहीं है।

बिना आग में तपे सोने की परीक्षा नहीं होती। मनुष्य अग्नि द्वारा परीक्षित होता है। प्रलय काल में पृथ्वी की छोटी-छोटी वासनाओं और बंधनों से न्याय छिन्न-भिन्न हो जाता है। वीरपुरुष उसी समय में मुक्त होकर अपने प्राकृतिक रूप में प्रकाशवान होते हैं।

युद्ध की घोषणा के समय नेपाल सीमा के प्रदेश में कलिंग स्थान पर अल्पसंख्यक गोरखा सेना दल था। सेना के जवानों की संख्या मात्र तीन सौ थी। उसके सेनानायक बलभद्र थापा थे। इस जगह पर एक बहुत पुराने किले के भग्नावशेष थे। हथियारों की भी काफी कमी थी। किसी के पार तीर-कमान या खुर्की, किसी-किसी के पास पुरानी बंदूक—युद्ध के यही उपकरण थे। इतने समय तक युद्ध की कोई संभावना नहीं थी, इसलिए सैनिक अपने बेटों को लेकर इसी स्थान पर रहते थे। महिलाओं और बच्चों की संख्या लगभग एक सौ पचास होगी।

अचानक से एक दिन यह संदेश आया कि अंग्रेजों ने युद्ध की घोषणा कर दी है और कलिंग पर आक्रमण करने के लिए आगे बढ़ रहे हैं। बलभद्र इस संदेश को सुनकर पुरानी टूटी-फूटी प्राचीर से किसी प्रकार से युद्ध की काररवाई करने लगे। गोरक्ष सेनापति महिलाओं तथा बच्चों के लेकर परेशान और सैनिक हथियारों की कमी की वजह से लाचार थे। इसी समय अंग्रेज सेनापति मौब्री पैंतीस सौ सैनिकों और बड़ी मात्रा में तोपों के साथ इस जगह को घेर लिया।

जिस युद्ध के जीतने की आशा होती है, वह युद्ध बहुत लोग कर सकते हैं, लेकिन जिस युद्ध में पराजय निश्चित है, उस युद्ध को लड़ने के लिए मानवीय बल से परे ताकत की जरूरत होती है।

देखते-ही-देखते अंग्रेज सैनिकों ने किले को चारों तरफ से घेर लिया। बलभद्र सोच रहे थे, उनके प्रभु ने उनको अच्छे दिनों में कलिंग का सेनापति नियुक्त करके भेजा था। अभी खराब दिन आ गए हैं, आज उनकी परीक्षा होगी।

25 अक्तूबर को रात दो बजे अंग्रेज के दूत बलभद्र के पास युद्ध-पत्र लेकर आए। सारे दिन की मेहनत के बाद बलभद्र सोने गए थे, इसी समय अंग्रेज सेनापति का पत्र पहुँचा; पत्र में लिखा था—"इस गैर-बराबरी के युद्ध में पराजय स्वीकारना कायरता नहीं है, गोरख सेनापति को बिना खून बहाए दुर्ग पर अधिकार त्याग देना ही उचित रहेगा।" जवाब में गोरख सेनापति ने अंग्रेज दूत से कहा, "तुम अपने सूबेदार से कह देना, अगले दिन युद्ध के मैदान में इसका जवाब मिलेगा।"

अगले दिन तोपों के गोले इस धृष्टता का जवाब लेकर आए। चारों दिशाओं में तोपों की आग के बादल साफ होने से पहले अंग्रेज सेनापति ने सारे सैनिक लेकर किले पर आक्रमण कर दिया। लेकिन पत्थर के स्तूप के पीछे एक अदम्य शक्ति सोई हुई थी, जिसे तोपों के गोले भेद नहीं पाए। वह मानवीय महाशक्ति आँखों से दिखी और सूबेदार से सामान्य सेना के हृदय में प्रवेश कर गई। केवल योद्धा के हृदय ही नहीं, दुर्बल स्त्री और लाचार शिशु भी उस महाअग्नि की आँच में दमक उठे।

अंग्रेज सैनिक बार-बार आक्रमण करके भी दुर्ग पर अधिकार करने में अक्षम हुए। अंत में जीत की आशा न देखकर देहरादून वापस चले गए।

इसके बाद गिल्स्पे दुर्ग को तहस-नहस करने के लिए सक्षम तोपों और नए सैनिकों को लेकर मौब्री के साथ आए। तय हुआ कि सैनिक एक साथ चारों दिशाओं से किले पर आक्रमण करेंगे और तोपों के गोलों से किले की दीवार तोड़कर बिना किसी रोक-टोक के द्वार से दुर्ग में से प्रवेश करेंगे।

26 तारीख को नौ बजे एक महाआक्रमण हुआ।

लेकिन कुछ ही समय में अंग्रेज सैनिक हारकर लौट गए। तब जनरल गिल्प्से ने खुद तीन सैन्य दलों को लेकर किले पर आक्रमण किया। एक ही बार में बहुत सारी तोपें आग उगलते हुए पूरे किले में गोलों से आक्रमण करने लगीं।

किले की नाममात्र की जो दीवार थी, इस बार वह और बच नहीं सकी। गोलों के आघात से पत्थर स्तूप गिर गया। घायल गोरखा सैनिकों का भविष्य अंधकारमय हो गया। लेकिन इस समय एक अद्‌भुत दृश्य दिखा, टूटी हुई जगह पर अचानक से एक नई दीवार उठ खड़ी हुई। यह दीवार सुकोमल नारियों के शरीर से बनी थी। गोरख महिलाओं ने अपने शरीर के द्वारा दीवार की टूटी हुई जगह को भर दिया था। ऐसा सुंदर दृश्य पृथ्वी पर कभी नहीं देखा गया। कार्थजे स्त्रियों ने अपने केशों से धनुष के लिए प्रत्यंचा की रचना की थी; किंतु रक्त-मांस से बनाए गए जीवंत शरीर से कभी भी किले की दीवार नहीं बनाई गई। सिर्फ दीवार नहीं—यह दुर्बल और कष्ट न सह पानेवाली देह वज्र से भी कठिन और युद्ध में भीषण संहारक अस्त्र बन गई थी।

इसी समय जनरल गिलेस्पे दुर्ग की दीवार को पार करने के लिए आगे बढ़े; लेकिन ज्यादा दूर जाने से पहले ही हृदय में गोली लगने से प्राण त्याग बैठे। उनके अनुगामी सैनिक तीरों और गोलियों के आघात के कारण बिखर गए। अंग्रेज सैनिकों के भग्नावशेषों के साथ वापस देहरादून लौट गए।

इसके बाद दिल्ली से नए सैनिक और अधिक संख्या में तोपों के साथ युद्ध के स्थान पर भेजे गए। 24 नवंबर की तारीख को इन नए सैनिकों ने फिर कलिंग पर आक्रमण किया।

इस बार तोपों से गोलों को किले में लगातार छोड़ा गया। गोलों के जमीन स्पर्श मात्र के बाद जोर से फटने से 100-100 जीवन विदीर्ण होकर मृत्यु की विकराल छाया चारों दिशाओं में फैलने लगी। इतने दिन सैनिकों में एक प्रतियोगिता चल रही थी, किंतु अब मृत्यु सबको निगल जानेवाले रूप में सब जगह विचरण करने लगी। माताओं के सीने से लगा बच्चा भी बच नहीं पाया।

एक से अधिक महीने के समय तक कलिंग में युद्ध चलता रहा। जरूरी सामान खत्म हो गए, युद्ध के उपकरण भी लगभग खत्म हो गए। इतनी दुविधा के बीच भी योद्धा विचलित नहीं थे। घायल विरोधियों को जड़ से उखाड़ने के लिए सागर की लहरों की तरह अंग्रेज सैनिक बार-बार छल करने लगे, लेकिन गोरखा सैनिक मानव शक्ति से परे ताकत के साथ युद्ध करने लगे। बंदूक का बारूद खत्म होने पर तीर-कमान, उसके बाद पत्थर फेंककर शत्रुओं का विनाश करने लगे। इस गैर-बराबरी के युद्ध में गोरखों की ही विजय हुई। किले पर विजय पाने की कोई आशा न देखकर अंग्रेज वापस देहरादून लौट गए।

ऐसे वक्त पर मुखबिरों ने आकर यह खबर दी कि कलिंग के किले में पीने का पानी नहीं है। किले के बाहर एक झरने से गोरखा रात के अँधेरे में आकर पानी पी जाते हैं। यह पानी बंद करने में सफल होने से प्यासे शत्रु लाचार होकर पराजित हो जाएँगे।

झरने का पानी बंद कर दिया गया। इसके बाद किले में जो भीषण यंत्रणा उपस्थित हुई, वह कल्पना से परे है। घायल और कमजोर महिलाएँ और बच्चे पानी-पानी का शोर करते हुए मृत्यु आने पर ही शांत हुए।

इस तरफ अंग्रेजों ने शत्रु को इस रूप में लाचार देखकर सिंह-शिशुओं (गोरखा लोगों के बच्चों) को जीवित इकट्‌ठा करने की कोशिशें शुरू कर दीं। किले के चारों ओर सैनिक इकट्‌ठे हो गए। चारों तरफ से घिरे किले के निकास-द्वार पर बहुत सारे सैनिक इकट्‌ठे हो गए। वे लोग रात भर रास्ता रोककर खड़े रहे।

गोरखा सैनिकों की संख्या पहले 300 थी, महीने भर के युद्ध के बाद सिर्फ 70 रह गई थी। चार दिनों तक उनमें से किसी ने भी एक बूँद पानी का स्पर्श नहीं

किया, भूख और प्यास को शांति से सहकर इतने कठिन समय को वे सब धैर्य के साथ सह रहे थे, लेकिन महिलाओं और बच्चों की चीख से वे सब धीरे-धीरे असहनीय हो उठे। शत्रु के हाथों में किले का समर्पण करने से यह दारुण पीड़ा खत्म हो जाती, लेकिन हाथों की तलवार प्राण रहने तक शत्रु के पैरों में नहीं गिरेगी। जीवन रहने का कोई उपाय नहीं है—जीवन देकर भी क्या उपाय होगा? सामने चारों दिशाओं से लाल पोशाक पहने अंग्रेजों की सेना पास आ रही थी। उस रेखा में काले रंग की तोप और बेहूदा मूर्ति दिख रही थी। क्या इस जेल में ही बंद रहना पड़ेगा? अथवा यह जीवन बिंदु इस खून को कुछ समय के लिए और गाढ़ा बनाएगा? तब ऐसा ही होना है!

रात दो बजे अचानक किले का दरवाजा खुल गया। जो दरवाजा बंदूकों और तोपों के गोलों के आक्रमण से उखड़ नहीं पाया, आज वह खुद से ही खुल गया।

स्वतः समर्पण में मुक्त वे 70 वीर मुट्ठी भर काले बादलों की तरह अनगिनत शत्रुओं के ऊपर टूट पड़े और तलवार के आक्रमण से रास्ता बनाकर अचानक गायब हो गए।

अगले दिन सुबह अंग्रेज सैनिक युद्ध में परित्यक्त किले में घुसे, प्रवेश करके उन्होंने जो देखा, उससे उनकी खुशी उदासी में बदल गई। यह किला है या श्मशान? इन लाशों और कटे हुए सिरोंवाले धड़ों तथा मिट्टी के बीच मनुष्य कैसे यहाँ रह सकते हैं? जीवित, घायल बचे हुए और मरे हुओं का एक भयानक ढेर! यह जो सामने सूबेदार का मृत शरीर गिरा हुआ है, इसके पास ही एक चार साल का बच्चा छुपकर रो रहा है। उसके थोड़े आगे एक महिला मरी पड़ी हुई है, उसके ठीक बीचोबीच तोप का एक गोला चलाया गया है। पास में ही बहुत छिन्न-भिन्न हाथ चारों तरफ बिखरे हुए दिख रहे हैं—इस स्थान में आखिर में गिरकर गोला टूटकर बिखर गया था। पास में कुछ बच्चे खून से नहाए हुए जमीन पर गिरे हुए हैं—अभी भी उनकी आखिरी साँसें नहीं निकली हैं। चारों तरफ से पानी-पानी की बस यही चीख-पुकार सुनाई पड़ रही है।

बलभद्र 70 लोगों को साथ लेकर योतगढ़ के किले में आश्रय लिये हुए थे। अंग्रेज ने उस किले को अवरुद्ध तो किया, लेकिन हासिल नहीं कर पाए थे।

उसके बाद बलभद्र ने सैनिकों के सेनापति होकर जीतने के बाद उस किले पर आधिपत्य ग्रहण कर लिया और नेपाल युद्ध खत्म होने पर अपने देश में जाकर और आवश्यकता न देखते हुए सैनिकों के साथ रणजीत सिंह की सेना में शामिल हो गए।

इस समय रणजीत सिंह अफगान युद्ध में व्यस्त थे। एक बार उनके काफी सैनिकों पर बहुत सारे अफगान सैनिकों की ओर से आक्रमण हुआ। बहुत लोगों ने भागकर अपने प्राणों की रक्षा की, सिर्फ 70 सैनिक युद्ध के मैदान में डटे रहे। ये कुछ सैनिक शत्रुओं की ओर मुँह करके अटल पर्वत की तरह एकजुट होकर खड़े रहे। ये लोग भयंकर खतरे के समय एक-दूसरे के साथ खड़े थे। आज इस आखिरी बार में सूबेदार और सैनिक एक ही श्रेणी में खड़े हुए थे। दूर से तोपें शोर करते हुए गरज रही थीं। एक-एक बार में बादलों के गर्जन जैसी आवाज पर्वत और घाटी में गूँज रही थी—इसके साथ ही सैनिकों की श्रृंखला में धीरे-धीरे एक-एक कर स्थान खाली होने लगा। लेकिन सैनिकों की श्रृंखला नहीं टली। अंत में एक-दूसरे के पास 70 लाशें चिरनिद्रा में सो गईं। जलते हुए धूमकेतु धरती पर गिरकर चिर शांति प्राप्त कर गए।

अंग्रेज सैनिको नें कलिंग को अपने अधिकार में करके किले को अपने कब्जे में कर लिया। अभी पूर्वी किले के पास में धूल में पत्थर का स्तूप दिखता है। उस महान् युद्ध की लीला भूमि में अभी गहरी चुप्पी विराजती है। मृत्यु के इस तरफ तूफान, उस तरफ अविनाशी शांति। मरण के पार होते ही यह ज्ञान होता है कि कोई शांतिपूर्ण आत्मा इस युद्ध मैदान में अभिभूत होकर विजयी के हृदय में करुण रस का संचार कर देती थी।

जिस तन में विजयी और पराजित के शरीर की धूल एक साथ मिलकर उस जगह अंग्रेजों ने दो स्मृतिचिह्न स्थापित किए, वह अभी दिखाई देते हैं। एक शिलाखंड जनरल गिलेस्पे और कलिंग युद्ध में मारे गए अंग्रेज सैनिकों की याद में स्थापित किया, उसके ही बगल में एक शिलाखंड में यह लिखा है—

हमारे वीर शत्रु कलिंग किले के अधिपति बलभद्र
और उनकी वीर सेना

जिन्होंने युद्ध में जीवन को तुच्छ समझा था
और
अफगान तोपों के सामने आकर
एक-एक कर शांति से प्राण त्याग दिए
उन वीरजनों की याद में
यह स्मृतिचिह्न स्थापित किया गया।

□

भागीरथी के स्रोत की खोज में

मेरे घर के ठीक पीछे गंगा बहती थी। बचपन से ही नदी के साथ मेरी दोस्ती हो गई थी। साल में एक बार किनारे पर बाढ़ आकर पानी की धारा बहुत दूर तक फैला जाती थी; फिर हेमंत ऋतु के खत्म होने पर नदी नया कलेवर धारण करती थी। हर दिन ज्वार और भाटा के कारण पानी के बहाव में परिवर्तन को मैं देखा करता। नदी मुझे एक गतिवान परिवर्तनशील प्राणी की तरह लगती थी। साँझ होते हो अकेले नदी के किनारे बैठा रहता। छोटी-छोटी तरंगें किनारे पर टकराकर कल-कल का संगीत करके बिना रुके गाते हुए बहती जाती थीं! जब अँधेरा और गहरा हो आता और बाहर का शोर-शराबा एक-एक करके शांत हो जाता, तब नदी की उस कल-कल ध्वनि के अंदर कितनी आवाजें सुन पाता था! कभी-कभी लगता था कि यह जो अनंत पानी की धारा हर दिन बहे जा रही है, यह तो कभी लौटकर नहीं आती; तब इसका अनंत स्रोत कहाँ है? इसका क्या कोई अंत नहीं है? नदी से पूछता था, "तुम कहाँ से आती हो?" नदी उत्तर देती थी, "महादेव की जटाओं से।" तब भागीरथ की गंगा के जन्म की क़हानी का स्मृति पाठ जाग उठता था।

उसके बाद बड़े होकर नदी की उत्पत्ति के संबंध में बहुत स्पष्टीकरण सुने, लेकिन जब शांत मन से नदी के किनारे बैठता हूँ, तब हमेशा खुद में व्यस्त उस कल-कल की ध्वनि में यह बात सुनता हूँ, "महादेव की जटाओं से।"

एक बार इसी नदी के किनारे मैंने अपने एक प्रियजन के पार्थिव शरीर को आग के हवाले करते हुए उनका अंतिम संस्कार होते हुए देखा था। मेरे जन्म के समय से बना मनमंदिर सहसा शून्य में बदल गया। वह स्नेह की गहरी बड़ो

धारा किस अनजाने और अज्ञात देश में बहकर चली गई? जो चली गई तो फिर वापस भी नहीं आई; तो क्या अनंत काल के लिए लुप्त हो गई? मृत्यु क्या जीवन का अंतिम सत्य है? जो मर जाता है, वह कहाँ जाता है? मेरा प्रियजन आज कहाँ है?

तब नदी की कल-कल के बीच सुना, "महादेव के चरणों में।"

चारों दिशाओं में अँधेरा छानेवाला था, कल-कल ध्वनि में फिर सुना—"हम जहाँ से आते हैं, फिर वहाँ ही लौट जाते हैं, बहुत लंबे समय तक बहने के बाद उसी स्रोत में मिल जाते हैं।"

मैंने पूछा, "कहाँ से आ रही हो नदी?" नदी ने उसी पुराने अंदाज में जवाब दिया, "महादेव की जटाओं से।"

एक दिन मैं बोला, "नदी, आज बहुत समय से तुम्हारे साथ मित्रता है। बहुत पुराने लोगों में केवल तुम ही हो! बाल्यकाल से आज तक तुम मेरे जीवन में शामिल हो, मेरे जीवन का एक अंश हो गई हो, तुम कहाँ से आई हो, मुझे पता नहीं। मैं तुम्हारी धारा को सहारा बनाकर तुम्हारा स्रोत देखने आऊँगा।"

सुना था, उत्तर-पश्चिम में जो बर्फ से ढके हुए पर्वत की छोटी दिखती है, वहाँ से जाह्नवी (गंगा का एक उपनाम जाह्नवी भी है) की उत्पत्ति हुई है। मैं उस चोटी को लक्ष्य बनाकर कई गाँवों, जनपद और बंजर हिस्से पार करते हुए चलने लगा। वहाँ से कूर्मांचल नामक स्थान मिला, जिसका जिक्र पुराणों में है। वहाँ से सरयू नदी के स्रोत के दर्शन करके दानवपुर पहुँच गया। उसके बाद बहुत से पर्वत पार करके उत्तर दिशा में आगे बढ़ा।

एक दिन बहुत ही मित्रवत् सहज पर्वत श्रृंखला में चलते-चलते थककर बैठ गया। मेरे चारों तरफ पर्वतमाला, उसके पास के देश में घने जंगल में एक आकाश को चीरती हुई एक चोटी, अपने विशाल आकार के पीछे क्या अद्भुत दृश्य छुपाकर खड़ी हुई थी। मेरा गाइड बोला, "इस चोटी पर चढ़ाई करने से मेरा मकसद सिद्ध होगा। नीचे जो चाँदी के धागे की तरह एक रेखा दिख रही है, इसने ही बहुत देशों को पार करके आपके देश में एक तेज वेग से चलनेवाली कुल प्लाविनी, स्रोत-मूर्ति का रूप धारण किया है। सामनेवाली चोटी में चढ़ने से यह देख पाओगे कि इस सूक्ष्म स्रोत का आरंभ कहाँ हुआ है।"

यह बात सुनकर मेरी सारी थकान गायब हो गई और मैं नए जोश में पर्वतारोहण करने लगा।

मेरा गाइड अचानक बोल उठा, "सामने देखो...जय नंदादेवी, जय त्रिशूल।"

कुछ समय पहले पर्वत शृंखलाओं ने मेरी दृष्टि अवरुद्ध कर रखी थी ऐसे ऊँची चोटी पर चढ़ाई करने के ठीक बाद मेरे सामने एक परदा हट गया। मैंने देखा कि अनंत तक नीला स्वर्ग फैला हुआ है। उस घने नीले परदे को भेदते हुए सफेद बर्फ की मूर्ति शून्य तक उठती गई थी—एक रमणी की तरह। ऐसा लगा कि मेरी तरफ बहुत स्नेह के साथ शांत दृष्टि से देख रही है, जिसके विशाल हृदय में तमाम जीव-जंतु आश्रय पाते हैं और पलते हैं, वह मूर्ति उसी मातृरूप धरती के जैसे ही मैंने पहचानी थी। इसके एकदम पास में महादेव का त्रिशूल स्थापित है। यह त्रिशूल पाताल के गर्भ से उठकर मिट्टी को चीरते हुए इसका अगला भाग आकाश को नुकीले भाग से बेधते हुए स्थापित है। त्रिभुवन में यही महाअस्त्र स्थित है।

कुमाऊँ के उत्तर में जो दो शिखर दिखते हैं, एक का नाम नंदादेवी और दूसरे का नाम त्रिशूल है।

इसी प्रकार से, एक-दूसरे के पास सृष्टि हुई, जगत् और सृष्टि के कर्ता-धर्ता के हाथ में हथियार, इसका साकार रूप में दर्शन हुआ। यह त्रिशूल, जोकि स्थिति और प्रलय का चिह्न रूप है, यह बाद में समझ आया।

मेरे गाइड ने कहा, "सामने अभी भी लंबा रास्ता है, वह बहुत ही दुर्गम है। दो दिन चलने के बाद बर्फ की नदी देख पाओगे।"

उस दिन कई जंगल और पर्वतों को पार करने के बाद अंततः बर्फ की जमीन पर पहुँच गए। नदी की सफेद धागे जैसी रेखा, निरंतर छोटी होती हुई यहाँ तक आई थी। नदी की धीमी गति जो इतने दिनों से कानों में गूँजती थी अचानक नदी की तरल लहरें किसी जादुई माया से बर्फ की शांति में परिवर्तित हो गईं। आगे जगह-जगह पर देखा कि पानी की लहरें बर्फ होकर जम गई हैं, जैसे किसी खेलती हुई लहरों को किसी ने 'स्टेचू' कहकर अचानक अचल कर दिया हो। किसी महान् कलाकार ने जैसे सारे विश्व की संगमरमर की खान को

खत्म करके इस विशाल जमीन के टुकड़े में गुस्से में उबलते हुए समुद्र की मूर्ति की रचना की हो।

दो तरफ चोटियों की ऊँची शृंखलाएँ हैं, बहुत दूर तक पर्वत के आधार से उत्तर की तरफ 'भृगु देश' तक अनंत संख्या में पेड़ निरंतर फूलों की बारिश कर रहे हैं। शिखर की बर्फ से निकले हुए पानी की धारा तिरछी गति से नीचे की घाटी में गिर रही है। सामने नंदा देवी और त्रिशूल अभी और साफ नहीं दिख रहे हैं। यह परदा पार करने से दृष्टि पर कोई परदा नहीं रहता।

मैं बर्फीली सफेद नदी के ऊपर चढ़ाई करने लगा। यह नदी धवलगिरि की सबसे ऊँची चोटी से आ रही है। आने के समय पर्वत टूटकर बर्फ के बड़े-बड़े टुकड़े साथ लेकर गिर रहे हैं। वे बर्फ के ढेर इधर-उधर बिखर जाते हैं। बहुत ही मुश्किल से चढ़ाई करने योग्य एक छोटी चोटी से आगे एक और चोटी पर चढ़ाई करने के लिए आगे बढ़ने लगा। जितना ऊपर चढ़ाई करता गया, वायु का दबाव उतना ही क्षीण होता गया; और उस क्षीण होती वायु में एक देव-धूप की सुगंध छा गई। धीरे-धीरे साँस लेना बहुत ही मुश्किल होता गया, शरीर थक गया, अंत में मैं मूर्च्छित होकर नंदा देवी के चरणों में गिर पड़ा।

अचानक सौ-सौ शंखों का नाद कानों की नलियों में प्रवेश करने लगा। अधखुली आँखों से देखा कि पूरे पर्वत और जंगल में पूजा का आयोजन हो रहा था, झरना जैसे कोई बहुत बड़े कमशुलू के मुँह से होकर नीचे गिर रहा है, उसी के साथ पारिजात के पेड़ों से स्वतः पुष्प झरने लगे। दूर से शोर करके शंख की ध्वनि की तरह गहरी ध्वनि उठ रही थी। यह शंख-ध्वनि है या गिरनेवाले सफेद पर्वत का वज्र-निनाद है, यह मैं सही तरह से नहीं पहचान पाया।

कुछ समय बाद मैंने अपने सामने जो देखा, उससे हृदय उत्तेजित और शरीर प्रसन्न हो उठा। अभी तक जो बादल नंदादेवी और त्रिशूल को ढके हुए थे, वे उनके ऊपर उठकर शून्य के मार्ग पर चले गए। नंदा देवी की शिरोमणि पर एक अति वृहद् प्रकाश स्रोत विराजमान है; वह मुश्किल से दिखाई देता है। उसी ज्योतिपुंज से निकला धुआँ अनंत दिशा तक फैला हुआ है। तब क्या यही महादेव की जटाएँ हैं। ये जटाएँ पृथ्वी पर ऐसे लगती हैं, जैसे नंदादेवी के माथे पर उज्ज्वल मुकुट पहना दिया है। यही जटाएँ हैं, हीरे के कणों का जैसे नंदादेवी

के मस्तक पर उज्ज्वल मुकुट पहना दिया गया है। इस कठोर हीरे के कण को नुकीला किया गया है।

शिव और रुद्र! रक्षक और संहारक! अब इसका मतलब समझ पाया। अपनी ही वाष्प से और अपनी ही बूँदों से सागर की उद्देश्य यात्रा और फिर से स्रोत में लौटकर आना साफ–साफ देखा। यहाँ एक महाचक्र, बहते हुए स्रोत, सृष्टि और प्रलय रूप एक–दूसरे के साथ स्थापित होते देखे।

सामने आकाश भेदी जो पर्वत शृंखला दिख रही है, बर्फ के रूप में पानी के कण उसके शरीर के अंदर प्रवेश कर रहे हैं। प्रवेश करके महाविक्रम की देह को विदीर्ण कर रहे हैं। वज्र निनाद बादलों की गर्जन के साथ कंपन करती हुई चोटी नीचे गिर गई।

पानी के कण नीचे धरातल पर सफेद शैया रचना करते हैं। टूटी हुई बर्फ के टुकड़े एक सफेद शैया में सो गए हैं। तब कण एक–दूसरे को पुकारते हुए बोले, "आओ, हम लोग इसको अपनी अस्थियाँ देकर, पृथ्वी की देह पर नया निर्माण करते हैं।"

करोड़ों–करोड़ सूक्ष्म जल–बिंदु के हाथ अनंत अनुप्रमाण शक्ति के मिलने पर अनायास इसी पर्वत पर भार होकर नीचे गिरने लगे। कोई रास्ता नहीं था. गिरते हुए पर्वत पर घर्षण से रास्ता बन गया—घाटियों की रचना हुई। पहाड़ के शरीर पर घर्षण होते–होते बड़े–बड़े पत्थर धूल हो गए।

मैं जिस स्थान पर बैठा हूँ, उसके दोनों ओर बर्फ के साथ बहकर आए पत्थर के टुकड़े इकट्ठे हो गए हैं। इसके नीचे सफेद कण तरल आकार धारण करके छोटी–छोटी जल–शृंखलाओं में रूपांतरित हो गए हैं। ये सरित पर्वत का अस्थिचूर्ण बनकर पर्वत शृंखलाओं से बहकर बहुत समृद्ध नगर जनपद के बीच से सागर के मिलने के उद्देश्य से बह रहे हैं।

रास्ते में एक स्थान पर दोनों किनारों पर उपस्थित देश रेगिस्तान की तरह हुआ करता था। नदी तट ने उसका उल्लंघन करके उस देश को प्लावित किया पर्वत के अस्थि चूर्ण के संयोग से उत्पादक क्षमता बढ़ गई। कठोर पर्वत की देह में उपस्थित अवशेषों के द्वारा वृक्ष और लताओं में सजीव श्याम देह निर्मित होती है।

पानी की बूँदें वर्षा के रूप में पृथ्वी को भिगो रही हैं और अपने साथ मृत तथा निस्तारित चीजों को बहाकर समुद्र के गर्भ में फेंक रही है। इस प्रकार मनुष्य के आँखों के अगोचर में नए राज्य की सृष्टि हुई है।

समुद्र में मिलकर पानी के कण हमेशा वितरित होकर समुद्र वेलाभूमि/तट को काट रहे हैं।

पानी के कण कभी पृथ्वी के गर्भ में जा करके पाताल के अंदर अग्निकुंड में आहुतिस्वरूप हो रहे हैं। वे महायज्ञ के धुएँ की तरह पृथ्वी को चीरकर ज्वालामुखी से आग के बहाव के रूप में प्रकाश पा रहे हैं। उस महातेज में पृथ्वी कंपित हो रही है। ऊपरी भूमि के तल के निमज्जित होने और समुद्रतल के ऊपर उठने से नए महादेश का निर्माण हुआ है।

समुद्र में पतित होकर जल कणों को विश्राम नहीं है। सूर्य के तेज में गरम होकर ये सब वाष्प बनकर ऊपर उड़ जाते हैं। यही एक दिन वायुदाब के कारण पर्वत शिखर के मुँह की तरफ भागेंगे तथा विपुल जटा जल की शरण लेकर फिर कल इसी क्रम में पर्वत की पीठ पर पानी के रूप में आकर गिरेंगे। इस गति में विराम नहीं है, अंत नहीं है।

अभी भी भागीरथ के किनारे बैठकर उसकी कल-कल की ध्वनि सुनता हूँ और अभी भी उसकी पहले की तरह बातें सुनता हूँ, अभी अब समझने में कोई गलती नहीं होती।

नदी तुम कहाँ से आई हो? उसके उत्तर में अभी भी मैं वही साफ आवाज सुन पाता हूँ।

"महादेव की जटाओं से!"

□

विज्ञान और साहित्य

निर्जीव जगत् के केंद्र में आश्रित बहुत सारी गतिविधि देखने को मिलती है। ग्रह सूर्य के आकर्षण को नजरअंदाज नहीं कर पाते, स्वच्छंद धूमकेतु भी एक दिन सूरज की तरफ भाग जाता है।

निर्जीव जगत् को छोड़कर जीव जगत् में देखें तो पाएँगे कि इन सभी की गतिविधि बहुत ही अनियमित लगती है। गुरुत्वाकर्षण बल के अलावा भी अनंत बल उन्हें हमेशा जकड़े रहते हैं। हर समय वे घायल हो रहे हैं और उस आक्रमण के गुण और परिमाण के अनुसार जवाब में वे हँस रहे हैं या रो रहे हैं। या तो मृदुस्पर्श या मृदुआघात; इसके जवाब में शारीरिक रोमांच और निकट आने की इच्छा। लेकिन आघात की मात्रा बढ़ने से दूसरी तरह के उत्तर मिलते हैं। हाथ से सहलाने के बजाय जहाँ आघात, वहाँ रोमांच और उत्फुल्लता के बजाय डर और पूरी तरह से संकोच। आकर्षण की जगह प्रतिकर्षण—सुख की जगह दु:ख—हँसी की जगह रुदन।

जीव की गतिविधि सिर्फ बाहर के आघात तक सीमित नहीं होती। अंदर से बहुत प्रकार की भावनाएँ आकर बाहरी गति को और जटिल कर देती हैं। उसी प्रकार से अंदर के भावावेग कितने आदतन हैं और कितने स्वेच्छाकृत। ऐसे बहुत अंदर और बाहर के आघातों की गति के द्वारा चलायमान मनुष्य की गति कौन तय कर पाता है ? लेकिन गुरुत्वाकर्षण बल को कोई नजरअंदाज नहीं कर सकता। उस अदृश्य बल की वजह से कई साल बाद आज मेरा जन्मस्थान (पृथ्वी) यहाँ आकर पहुँचा है।

जन्मलाभ के सूत्र में जन्मस्थान के प्रति एक आकर्षण स्वाभाविक है।

किंतु आज इस सभा के सभापति के सामने मैंने स्थान ग्रहण किया है, उसकी प्रक्रिया एक बार में ही स्वत:सिद्ध नहीं है। प्रश्न हो सकता है कि साहित्य के केंद्र में विज्ञान का क्या स्थान है? बंगक्षेत्र का यह साहित्य सम्मेलन बंगालियों की घनीभूत चेतना की एक सीमा है, अन्य सीमाओं/परेशानियों को वहन करने के लिए चलते हुए और सफलता की इच्छा के साथ सर्वत्र गंभीर भाव को जगाते हुए हम ऊँचाइयों की ओर चल रहे हैं। इससे साफ-साफ दिख रहा है कि इस सम्मेलन में बंगालियों की जो इच्छा आकार धारण कर रही है, उसमें कोई संकीर्णता नहीं है। यहाँ साहित्य को किसी छोटे से कमरे में बंद नहीं किया गया है, लेकिन लगता है कि हम लोग इसके बड़े रूप को जानने के लिए संकल्परत हैं। आज हमारे लिए साहित्य कोई सुंदर सजावट का सामान मात्र नहीं, हमारे मन की हर एक साधना साहित्य के नाम से एक-एक कर प्रदर्शित होने के लिए उत्सुक है।

इस साहित्य सम्मेलन के यज्ञ में जिनको पुरोहित पद पर वरण किया गया है, उसमें वैज्ञानिक भी दिख रहे हैं। मैं जिनको दयालु और सहभागी कहकर प्यार करता हूँ और स्वदेशी बोलकर गर्व करता रहता हूँ, हमारे उन देशमान्य आचार्य प्रफुल्ल चंद्र ने इस सम्मेलन सभा के अध्यक्ष के आसन पर विराजकर इसे अलंकृत किया है। उनका आदर करके साहित्य सम्मेलन ने सिर्फ गुणों की पूजा की, ऐसा नहीं है, साहित्य की एक दयालु मूर्ति भी देश के समक्ष प्रस्तुत की है।

पश्चिमी देशों में ज्ञान के संसार में अभी भेद-बुद्धि का बहुत प्रचलन हुआ है। वहाँ ज्ञान की हर शाखा ने खुद को स्वतंत्र बनाने के लिए विशेष कदम उठाए हैं, इसलिए अभी खुद को एक-एक करके जानने की कोशिश खत्म हो चुकी है। ज्ञान साधना की पहली अवस्था में इस प्रकार का जातिभेद परंपरा में शुरुआत में लाभकारी होता है, उससे उपकरणों का संग्रह करने में और उनको बेहतर बनाने में आसानी होती है; लेकिन अंत तक अगर कोई इस परंपरा का अनुसरण करता है तो फिर इससे सत्य की पूरी छवि सामने नहीं आती है, केवल साधना चलती रहती है, सिद्धि के दर्शन नहीं मिलते।

दूसरी तरफ अंतिम लड़ाई में कहीं हार न जाए, भारतवर्ष हमेशा उसी प्रकार लक्ष्य करता है। उसी चिरकालीन साधना के फल के लिए हम आसानी

से एकरूपता को देख पाते हैं, हमारे मन में उस संबंध में कोई प्रबल बाधा नहीं आती।

मैंने अनुभव किया है कि हमारे साहित्य सम्मेलन के मामले में सामान्यतः यह एकताबोध काम करता है। हम इस सम्मेलन में पहले से साहित्य की सीमा तय करके उसका द्वार सँकरा करने की सोचते भी नहीं। जबकि हम लोग उसके अधिकार को आसानी से प्रसारित करके प्रकाश की ओर अग्रसर हुए हैं।

अतः ज्ञान खोजने में हम जाने-अनजाने एक अनंत तक फैली एकता की तरफ बढ़ रहे हैं। उसी के साथ हम खुद का भी एक वृहत् परिचय जानने के लिए उत्सुक हैं। हम क्या चाहते हैं, क्या सोचते हैं और परीक्षा करते हैं, वह एक स्थान में देखने से हम अपना असली रूप देख पाएँगे। इसलिए हमारे देश में अभी जो कोई भी संगीत चर्चा करता है, ध्यान करता है, खोज कर रहे हैं, उन सभी को सम्मेलनों में शामिल होने का न्योता दिया जाता है। इसी कारण से, जबकि मैंने जीवन का ज्यादातर समय विज्ञान के अनुशीलन में बिताया है, तो इसलिए साहित्य सम्मेलन का निमंत्रण ग्रहण करने में संकोच नहीं हुआ। क्योंकि मैंने जो खोजा है, पाया है—उसको देश की अलग-अलग प्राप्तियों के साथ सजाने से और ज्यादा सुख की बात और क्या हो सकती है? और इस अवसर में आज हमारे देश के हर सत्य-साधक से एक सभा में मिलने का अधिकार अगर प्राप्त हो सकता है तो हमारे लिए उससे ज्यादा आनंद की बात और क्या हो सकती है?

कविता और विज्ञान

कवि इस विश्वजगत् को अपने हृदय की दृष्टि से एक निराकार को देख सकते हैं, वे ही उस रूप के अंदर प्रकाश होने की बात करते हैं। दूसरे की दृष्टि जहाँ खत्म हो जाती है, वह भी उनके ज्ञान की दृष्टि बाधित नहीं करती। उस अरूप देश की वार्त्ता उनके काव्य में अलग-अलग ध्वनियों में गूँजती रहती है। वैज्ञानिक के रास्ते स्वतंत्र हो सकते हैं, लेकिन कविता में साधना पथ के साथ उसकी साधना का एकत्व होता है। दृष्टि की रोशनी जहाँ खत्म हो जाती है, वहाँ भी वे प्रकाश का अनुसरण करते हैं, सुनने की शक्ति जहाँ सुरों की अंतिम सीमा तक पहुँच जाती है, वहाँ से कंपन वाणी पर आरोहण करके आते हैं। प्रकाश के

अतीत में जो रहस्य हैं, वैज्ञानिक उनसे ही प्रश्न करके दुर्लभ उत्तरों को मनुष्य की भाषा में प्रस्तुत करने योग्य बनाकर व्यक्त करने के लिए नियुक्त होते हैं।

यह जो प्रकृति की रहस्यमय दुनिया है, इसके बहुत सारे महल और असंख्य द्वार हैं। पारिस्थितिकी विशेषज्ञ, रसायनज्ञ, जीवविज्ञानी अलग-अलग दरवाजों से एक महल में प्रवेश करते हैं, लगता है कि उसी महल में उनका विशेष स्थान है, महल में शायद कोई दूसरी गतिविधि नहीं है। इसलिए निर्जीव को, पौधों को वे स्व-चेतना के स्तर पर अलग-अलग बाँट देते हैं। इस विभाजन को वैज्ञानिक अवलोकन दिखाया जाता है, यह बात मैं नहीं मानता। अलग-अलग कमरे में अलग-अलग प्रकार से सुविधा के लिए जितनी भी दीवारें क्यों न खड़ी हों, हर महल का एक ही मालिक होता है। हर विज्ञान अंत में इसी सत्य का आविष्कार करेगा, यह कहते हुए सभी अलग-अलग रास्तों से यात्रा कर रहे हैं। हर रास्ता जहाँ से साथ में मिलता है, वहीं पूर्ण सत्य है। सत्य टुकड़े-टुकड़े होकर अपने अंदर अनंत विरोध में बँटकर उपस्थित नहीं होता। इसीलिए हर दिन ही देखता हूँ कि जीवन, रसायन, प्रकृति और अन्य अपनी सीमाओं को ढहाते हुए विस्तार कर रहे हैं।

वैज्ञानिक और कवि दोनों ही इसी प्रकार से अव्यक्त एकता के ही संधान में बाहर निकले हैं। इनमें अंतर केवल यही है कि कवि पथ के बारे में नहीं सोचता, वैज्ञानिक रास्ते को उपेक्षित नहीं करता। कवि को हमेशा आत्म-हारा होना पड़ता है, उनके लिए आत्मनियंत्रण मुश्किल है। लेकिन कवि की कविता खुद की भावनाओं के बीच से सबूत नहीं निकाल सकती! इसलिए उसको उपमा की भाषा इस्तेमाल करनी पड़ती है। हर बात में उसे 'जैसे' का इस्तेमाल करना पड़ता है।

वैज्ञानिक को जिस रास्ते का अनुकरण करना पड़ता है, उसमें एकांतप्रेम और अवलोकन और परीक्षण के कठिन रास्ते में आत्मनियंत्रण के साथ चलना पड़ता है। हमेशा उसकी सोच रहती है कि कहीं खुद के मन को खुद ही बेवकूफ न बना दे, भ्रमित न कर दे। इसीलिए हर एक कदम पर मन को बाहर के साथ मिलाकर चलना पड़ता है। दो दिशाएँ जहाँ न मिलें, उस जगह एक दिशा से आनेवाली कोई भी बात वे किसी भी हालत में ग्रहण/स्वीकार नहीं करते।

इसका पुरस्कार यही है कि वे जितना मिलता है, उससे ज्यादा कुछ की माँग नहीं कर पाते, लेकिन उतना उन्हें निश्चित रूप से मिलता है और इससे ज्यादा पाने की संभावना को वे कभी भी किसी भी तरह कमजोर करके नहीं देखते।

लेकिन यह निश्चित ही कठिन रास्ता है, इस रास्ते से वैज्ञानिक एक अपरिसीमित रहस्य की दिशा में चलते हैं। ऐसे विस्मयपूर्ण राज्य के मध्य में जाकर सफल हो जाने से अदृश्य प्रकाश की किरणें, रास्ते में सामने से पदार्थ की बाधा एक बार में शून्य कर देती है और जहाँ पदार्थ और शक्ति एक होकर खड़े होते हैं। अचानक आँखों से परदा हटाकर एक अकल्पनीय राज्य का दृश्य उसको अचंभित करता है, तब एक पल के लिए वे जैसे अपना सामान्य आत्मनियंत्रण भूल जाते हैं और बोल उठते हैं, "कोई दुविधा नहीं! ऐसा ही है।"

अदृश्य प्रकाश

कविता और विज्ञान के गहरे संबंध हैं, उसके उदाहरणस्वरूप आप लोगों को एक विस्मयकारी अदृश्य जगत् में प्रवेश करने के लिए बुलाऊँगा। इस अनंत रहस्य से भरे हुए संसार के एक छोटे से कोने में जितने साफ-साफ या धुँधले तरीके से जो भी महसूस किया है, उसके बारे में दो-चार बातें करूँगा। कवि की आँखें इन बहुत सारे रंगों में रंजित हुए प्रकाश के समुद्र को देखकर भी असंतुष्ट रहती हैं। ये सात रंग उसकी आँखों की प्यास नहीं मिटा पाते। तब क्या इस दिखाई देनेवाले (दृश्य) प्रकाश की सीमा के पार कोई असीम प्रकाश-पुंज प्रकाशित होता है?

इस सोच से परे अदृश्य प्रकाश का जो रहस्य है, उसका रास्ता जर्मनी के प्रोफेसर हर्ट्ज ने सबसे पहले दिखाया था। इलेक्ट्रिक तरंगों के संबंध में, अदृश्य प्रकाश की प्रकृति के संबंध में कुछ सिद्धांतों की प्रेसिडेंसी कॉलेज की परीक्षण प्रयोगशाला में भी चर्चा हुई है। समय रहता तो दिखा पाता कि कैसे अपारदर्शी पदार्थ की आंतरिक आणविक बनावट इस अदृश्य प्रकाश द्वारा जानी जा सकती है? आप लोग यह भी देखते कि पदार्थ की पारदर्शिता और अपारदर्शिता के संबंध में धारणा कितनी अपूर्ण है। जिसे अपारदर्शी मानते हैं, उसके अंदर से

यह प्रकाश आराम से जाता है, दूसरी तरफ ऐसे अद्भुत पदार्थ भी हैं, जो एक दिशा से देखने में पारदर्शी और दूसरी दिशा से देखने में अपारदर्शी हैं। और भी देख सकते हैं, जिस प्रकार दृश्य प्रकाश को बहुत खर्चीले काँच के बेलनाकार तार से बहुत दूर भेज सकते हैं, वैसे ही 'मृत-वर्तुल' द्वारा भी प्रकाश की किरणें बहुत दूर पहुँच जाती हैं। इसमें दृश्य प्रकाश को एक बिंदु पर फोकस करने के लिए हीरे के टुकड़े जैसी क्षमता है, अदृश्य आलोक को फोकस करने के लिए 'मृत-प्रस्तर' की क्षमता का इस्तेमाल करने की अपेक्षा करना ज्यादा ठीक है।

आकाश के संगीत के अनंत सुर-सप्तक में से एक सप्तक सिर्फ हमारे दृश्य इंद्रियों को उत्तेजित करता है। यह छोटी सी सीमा ही हमारा दृश्य-राज्य है। असीम ज्योतिराशि के मध्य हम अंधों की तरह घूमते हैं। यह मनुष्य की अपूर्णता बहुत असहनीय है। लेकिन उसके बावजूद मनुष्य का मन नहीं टूटा; मनुष्य अत्यंत उत्साह में अपनी अपूर्णता की नाव में अनजाने समुद्र को पार करके नए देश की खोज में भागता रहता है।

वृक्ष-जीवन का इतिहास

दृश्य प्रकाश से परे एक अदृश्य प्रकाश है, उसको खोजकर के बाहर लाने से हमारी दृष्टि जैसे अनंत में प्रसारित होती है, वैसे चेतन जगत् के बाहर जो अकथनीय दर्द है, उसको समझने के लिए हमें अपने अहसासों की सीमाओं को विस्तृत करना होता है। इसलिए रुद्र ज्योति की किरणों के प्रकाश की तरह पौधों के राज्य में गंभीरतम नीरवता/शांति के मध्य आप लोगों का आह्वान करता हूँ।

यह जो बहुत बड़ी पेड़ों की दुनिया हमारी आँखों के सामने प्रसारित है, इनके जीवन के साथ क्या हमारे जीवन का कोई संबंध है? पौधों के सिद्धांतों से संबंधित विशेषज्ञ इसके साथ कोई समानता नहीं मानते। प्रसिद्ध बार्डन सेंडरसन बोलते हैं कि केवल दो-चार प्रकार के पेड़ों को छोड़कर साधारण पौधे बाहर के आघात के कारण दृष्टिगोचर या वैद्युत रूप से इस बाहरी दुनिया में प्रतिक्रिया नहीं देते। लज्जावती पौधा, जो वैद्युत प्रतिक्रिया देता है, वह जानवरों की प्रतिक्रिया से एकदम अलग है। 'फेफर' नाम के प्रसिद्ध पादप विशेषज्ञ ने स्पष्ट रूप से कहा है कि पौधों में कोई तंत्रिका तंत्र नहीं होता, जैसे हमारी

तंत्रिकाएँ बाहर के संदेशों को एक स्थान से दूसरे स्थान ले जा सकती हैं, पौधों में ऐसा कोई सूत्र नहीं होता।

इससे यह लगता है कि हमारे आसपास जो यह प्राणी और पादप जीवन प्रवाहित हो रहा है, वह अलग-अलग नियमों से संचालित होता दिखाई देता है। पौधों के जीवन की तमाम समस्याएँ समझना बहुत मुश्किल है—इस कठिनाई को पार पाने के लिए किसी बहुत उत्कृष्ट सूक्ष्मदर्शी यंत्र का आविष्कार नहीं हुआ है। मुख्यत: इसके लिए प्रत्यक्ष परीक्षण के बदले अनेक जगहों पर मनगढ़ंत बातों का सहारा लेना पड़ा है।

लेकिन असली सिद्धांत को जानने के लिए हम लोगों को इस परिकल्पना को छोड़कर परीक्षण के सीधे परिणामों को पाने की कोशिश करनी पड़ेगी। खुद की कल्पनाओं को छोड़कर वृक्ष से ही प्रश्न और जिज्ञासा का जवाब माँगना पड़ेगा और केवल वृक्ष द्वारा ही अपने हाथों से लिखे विवरण को स्वीकार करना पड़ेगा।

वृक्ष का दैनिक इतिहास

पौधों के अंदरूनी परिवर्तनों को हम कैसे जानेंगे? अगर किसी अवस्था या गुण से वृक्ष उत्तेजित होता है या अन्य किसी कारण से वृक्ष के अवसाद प्रदर्शित होते हैं, तब इन सब भीतर के अदृश्य परिवर्तनों को हम बाहर रहकर के कैसे समझेंगे? इसका एकमात्र रास्ता है—हर प्रकार के आघात से पौधे यह संकेत देते हैं कि किस प्रकार से वह समझने और मापे जा सकने में सक्षम होगा।

जीव जब किसी बाहरी शक्ति से घायल होता है, तब अलग-अलग प्रकार से वह प्रतिक्रिया कर उठता है—यदि उसकी स्वर तंत्रिका होती तो वह चीख उठता··· अगर गूँगा है तो हाथ-पैर हिलाकर प्रतिक्रिया देता। बाहर के आक्रमण या धक्के से उसका उत्तर हलचल करता। धक्के की तीव्रता के हिसाब से हलचल की तीव्रता को मिलाकर देखा जाए तो जीवन का परिमाण मापा जा सकता है। उत्तेजित अवस्था में हलके धक्के से ही बहुत अधिक प्रतिक्रिया मिलती है, थके होने पर धक्कों से हलकी प्रतिक्रिया मिलती है और जब मौत आकर जीव को हरा देती है, तब अचानक हर प्रकार की प्रतिक्रियाएँ मिलनी बंद हो जाती हैं।

इसका मतलब, पौधों के आंतरिक स्वास्थ्य को जाना जा सकता है, अगर पौधे से उसकी प्रतिक्रिया के प्रकारों को कागज-कलम से एक पांडुलिपि में उतारा जा सकता, जोकि फिलहाल असंभव कार्य है, यह किसी प्रकार से अगर सफल हो सकता तो उसके ऊपर वह नई हस्तलिपि और नई भाषा हम लोगों को सीख लेनी पड़ती। अलग-अलग देश की अलग-अलग भाषा है, वे भाषा लिखने के वर्ण भी अलग हैं, उसके ऊपर एक नई हस्तलिपि का प्रचार बहुत ही शोचनीय होता, इसमें कोई संदेह नहीं है। एक लिपि की एक सभा में सभ्य गण इसपर गुस्सा करेंगे, इस बात में कोई संदेह नहीं है। सौभाग्य की बात यह है कि पौधों की भाषा थोड़ी-थोड़ी देवनागरी की तरह है—अशिक्षित और अर्ध-शिक्षित के लिए पूरी तरह से अस्पष्ट है।

जो भी हो, मानस-सिद्धि के पक्ष में दो प्रतिबंध हैं—पहला, पौधों को खुद के संबंध में सबूत देने के लिए राजी करना तथा दूसरा, पौधों और मशीन के इस्तेमाल से उस साक्ष्य को लिखना। बच्चों से आज्ञापालन अपेक्षाकृत आसान है, लेकिन पौधों से उत्तर मिलना काफी कठिन समस्या है।

पहले यह कोशिश असंभव लगती थी, लेकिन बहुत सालों की आत्मीयता के कारण अब उनकी प्रकृति को काफी समझने लगा हूँ। इस अवसर पर मैं आज सहृदय सभी से स्वीकार करता हूँ कि निरीह पौधों से बलपूर्वक साक्ष्य इकट्‌ठे करने के लिए मैंने उनके ऊपर बहुत निष्ठुर व्यवहार किया है। इसके लिए मैंने विचित्र प्रकार की चिमटियों का आविष्कार किया है—कुछ सीधे मुँहवाली, कुछ गोल-गोल सुइयों से पौधों को छेदकर और अम्ल से जलाया है। ये सब बातें ज्यादा नहीं बोलूँगा। लेकिन आज जानता हूँ कि इस तरह बलपूर्वक जो साक्ष्य मिलते हैं, उनका कोई मूल्य नहीं है, न्याय चाहनेवाले न्यायाधीश इन साक्ष्यों को कृत्रिम समझकर इनमें शक जता सकते हैं।

अगर पेड़ अपने लिखने के यंत्र के सहारे अपनी अलग-अलग प्रतिक्रिया कागज पर लिख सकते तो पेड़ के असली इतिहास को सुरक्षित किया जा सकता था। लेकिन यह बात दिवास्वप्न की तरह है। यह कल्पना हमारे जीवन की असहाय अवस्था को थोड़ी भावनाओं में बाँध देती हैं सिर्फ। भावुकता की संतुष्टि आसान है; लेकिन यह अफीम की तरह धीरे-धीरे तांत्रिक तंत्र को कमजोर कर देती है।

जब स्वप्नों की दुनिया से उठकर कल्पना को कर्म में बदलने जाता हूँ, तभी सामने पार न की जा सकनेवाली ऊँची दीवार दिखाई देती है। प्रकृति देवी का मंदिर लोहे की मोटी दीवारों से घिरा हुआ है। वहाँ द्वार भेद करके बच्चे की झरने जैसी रोने की आवाज अंदर नहीं पहुँचती; लेकिन जब बहुत सालों के जमा किए गए बल से द्वार टूट जाता है, तभी प्रकृति देवी साधक के निकट प्रकट होती है।

भारतीय अनुसंधान में बाधा

हमेशा सुनने में आता है कि हमारे देश में यथोचित विशिष्ट उपकरण से युक्त प्रयोगशालाओं की कमी के कारण आविष्कार असंभव है। यह बात हालाँकि काफी हद तक सही है; लेकिन यह पूर्ण सत्य नहीं है। अगर यही सही होता तो दूसरे देशों में जहाँ प्रयोगशालाएँ बनाने में लाखों रुपए धन खर्च हुआ है, वहाँ हर दिन नए सिद्धांतों की खोज होती। लेकिन ऐसी कोई खबरें सुनाई नहीं देतीं। हमारी बहुत असुविधाएँ हैं, सही बात है, लेकिन दूसरे की विलासिता से जलकर क्या फायदा है? अवसाद दूर करो, अपनी कमजोरी को भुलाकर यह मान लो कि हम जिन परिस्थितियों में हैं, वही हमारी सच्ची परिस्थितियाँ हैं। भारत हमारी कर्मभूमि है, यहीं हमें अपना कर्तव्य करना पड़ेगा। जिसने पुरुषत्व खो दिया है, वही बेकार में शोक कर सकता है।

परीक्षण करने में प्रयोगशाला छोड़कर और भी समस्याएँ हैं। हम अधिकतम समय यह भूल जाते हैं कि असली प्रयोगशाला हमारे दिमाग के अंदर है। अनेक देशों में ही यहीं अनेक प्रयोगों का परीक्षण किया गया है। अंतर्दृष्टि को उज्ज्वल रखने के लिए साधना की जरूरत होती है। वह थोड़े में ही निस्तेज हो जाती है। अडिग एकाग्रता जहाँ नहीं है, वहाँ बाहर की तैयारी कभी काम नहीं आती। सिर्फ बाहर की तरफ हमेशा मन भाग जाता है। सत्य को खोजने से ज्यादा, जो दस लोगों के बीच में स्थापित होने के लिए पागल हो उठता है, वह सत्य के दर्शन नहीं पाता। सत्य के लिए जिसके मन में पर्याप्त श्रद्धा नहीं है, धैर्य के साथ वह हर दुःख नहीं सह सकता, बहुत जल्दी प्रसिद्धि हासिल करने के लिए वह अपने उद्‌देश्य से हट जाता है। ऐसी चंचलता जिसमें है, सिद्धि का पथ उनके लिए नहीं है। लेकिन सच को जो वास्तव में जानना चाहते हैं, उपकरणों का अभाव उनके

लिए असली अभाव नहीं है। इसका कारण देवी सरस्वती के कमल का निर्मल-सफेद होना है, वह सोने का कमल नहीं है, वह हृदयरूपी कमल है।

पेड़ की लिखावट

पेड़ की अलग-अलग प्रतिक्रिया को लिखने के लिए बहुत सूक्ष्म मशीन बनाने के बारे में बता रहा था। दस साल पहले जो सिर्फ कल्पना थी, वह इन कुछ सालों की कोशिश की वजह से सच में फलीभूत हुई है। सार्थकता के पहले कितनी कोशिशें नाकाम हुई हैं, वह अभी बताकर कोई फायदा नहीं है और अलग-अलग मशीनों के निर्माण की प्रक्रिया के बारे में बोलकर भी आपको अधीर नहीं करूँगा। लेकिन यह बोलना जरूरी है कि इन अलग-अलग मशीनों की वजह से पेड़ों की बहुत सारी प्रतिक्रियाएँ रजिस्टर होंगी, पेड़ की वृद्धि की प्रतिपल गणना होगी; उसकी खुद की धड़कनें रजिस्टर होंगी और जीवन तथा मृत्यु रेखा द्वारा उसके जीवनकाल की गणना होगी। उस मशीन की आश्चर्यजनक शक्ति के बारे में इतना बोलना ही काफी होगा कि इसके सहारे समय की गणना इतनी छोटी होगी कि एक सेकंड के सौवें हिस्से को भी यह आराम से माप पाएगी। एक बात और सुनकर आपको अच्छा लगेगा, जिस मशीन का आविष्कार दूसरे भाग्यशाली देशों में असंभव बनकर उभरा था, वह मशीन इस देश के एक कारीगर के द्वारा बनाई गई है। इसकी सोच और इसकी बनावट पूर्णतः देशी है।

इस प्रकार कई परीक्षणों को करने के बाद, पादप जीवन और मानव जीवन एक ही नियमों के अनुसार चल रहा है, ऐसे कई सबूत देने में हम सफल हुए हैं। लगभग बीस साल पहले किसी एक लेख में लिखा था, "पौधों का जीवन मानव जीवन की परछाईं है।" बिना समझे ही लिखा था, स्वीकार करना पड़ेगा कि वह यौवन-सुलभ उत्साह और साहस मात्र था। आज उन खोए हुए शब्दों से लौटकर आया हूँ और ऐसा लग रहा है, जैसे स्वप्न और जागरण मिलकर एक हो गए हैं।

उपसंहार

मैंने सम्मेलन-सभा में जो देखा था, उपसंहार में आप लोगों के समक्ष वही बात रखूँगा।

बहुत दिन पहले दक्षिण में एक गुफा मंदिर देखने गया था। वहाँ एक गुफा के अँधेरे में विश्वकर्मा की मूर्ति स्थापित थी। वहाँ अलग-अलग शिल्पकार अपने खुद के काम करने की अलग-अलग मशीनों को लेकर देवमूर्ति के पैरों में रखकर पूजा कर रहे थे। वह देखकर मैंने धीरे-धीरे समझा, हमारे यह हाथ ही विश्वकर्मा के आयुध हैं। यही हथियार चलाकर उसने मृत संसार से जीवंत दुनिया बनाई। उस महान् शिल्पी के आविर्भाव से ही हमारी जड़ देह में चेतना और सृजनशीलता आई है। उसके प्रकटीकरण से ही हमने मन और हाथों से उस शिल्पी के विभिन्न उद्देश्यों को विभिन्न रूपों में स्थापित करना सीखा है, कभी कला, कभी साहित्य, कभी विज्ञान।

गुफा मंदिर में जिस छवि को देखा था, आज की सभा में भी वही अपने समक्ष देखा। हमारे देश के विश्वकर्मा बंगाल के हृदय में जो काम कर रहे हैं, उनके कामों के विभिन्न उपकरण देखें। कहीं वह कवि का खयाल, कभी तर्क-विश्लेषण, कभी जानकारी संग्रहण। हम वे सारे उपकरण लेकर उनके सामने खड़े हैं और यहाँ उनकी पूजा करते आ रहे हैं।

मानव शक्ति के बीच इन ईश्वरीय ताकतों की उपस्थिति, यह हमारे देश की हमेशा संस्कृति रही है। ईश्वरीय शक्ति की वजह से ही जगत् में निर्माण और विनाश हो रहा है। मानव में ईश्वरीय शक्तियों का प्रकटीकरण अगर संभव है, तब मानव निर्माण कर सकता है और विनाश भी। हमारे अंदर जो जड़ता और संकीर्णता तथा असफलताएँ हैं, उनको हराने के लिए जरूरी शक्ति हमारे बीच में ही है। यह सब कमजोरी की बाधाएँ हमारे लिए कभी भी सनातन/अनंत नहीं हैं, जो अमरता के अधिकारी हैं, वे छोटे होकर रहने के लिए पैदा नहीं हुए हैं।

सृजन करने की शक्ति हमारे अंदर भी है। हमारी जिस तरह की महानता खो रही है, वह हमारी सृजनशीलता के लिए इंतजार कर रही है। कामना को जगाकर उसे फिर से सृजन करके ऊपर उठाने की ताकत हमारे अंदर है। हमारे देश की जो महिमा एक दिन आकाश चीरकर उभरी थी, उसके ऊँचाई पर जाने की गति एक बार में खत्म नहीं हुई, फिर से एक दिन वह गगन को चूमेगी-ही-चूमेगी।

हमारी उसी सृजन क्षमता ने एक कोशिश रूप में ही सही, बांग्ला साहित्य परिषद् में आज एक सफल मूर्ति धारण की है। इस परिषद् को सिर्फ हम एक

सभास्थल कहकर नहीं मान सकते, इसकी नींव कलकत्ता में किसी रास्ते के किनारे स्थापित नहीं हुई थी और इसकी इमारत ईंटों से गूँथी हुई नहीं है। अंतर्दृष्टि से देखते-देखते पाएँगे, साहित्य परिषद् साधक के सामने देव मंदिर के रूप में विराजमान है। इसकी दीवार संपूर्ण बंगाल देश के मर्मस्थल में स्थापित है और इसकी अट्टालिका हमारे जीवन स्तर का उन्नयन करनेवाली है। इस मंदिर में प्रवेश करते समय हमारे क्षुद्र अहंकार के हर प्रकार के अपवित्र आवरण को जैसे बाहर ही निकालकर आना पड़ता है और हम अपने हृदय के आँगन में सबसे पवित्र फूलों और फलों को पूजा के उपहारस्वरूप देव के चरणों में रखकर प्रार्थना कर सकते हैं।

□

मूक जीवन

घर से बाहर आते ही चारों दिशाओं से जीवन का उत्साह दिखने को मिलता है। वह जीवन प्रथमदृष्टया शांत है। ठंड और गरमी, मलय समीर और तूफान तथा प्रकाश और अंधकार में यह मूक जीवन खेल रहा है। कितनी अलग आश्चर्यजनक घटनाओं का समावेश, कितने प्रकार से आघात और कितने प्रकार से आंतरिक प्रतिक्रियाएँ रुकी हैं, निश्छल बरगद के जीवन की मूर्ति के अंदर कितनी अदृश्य क्रियाएँ चल रही हैं। कैसे इस अदृश्यता को प्रकाशित करूँ ?

पेड़ के प्राकृतिक इतिहास को खोजने के लिए पेड़ों के पास ही जाना पड़ेगा। वह इतिहास बहुत जटिल और बहुत रहस्यमय है। उस इतिहास को पहचानने के लिए पेड़ और यंत्र के सहारे जन्म से मृत्यु तक हर पल में उसकी क्रियाओं को रजिस्टर करना पड़ेगा। यह हस्तलेख पेड़ के खुद के लिखे हुए हैं और इस पर पेड़ के हस्ताक्षर होने चाहिए। इसमें मनुष्य का कोई हाथ नहीं होगा; कारण यह है कि मनुष्य अपने खुद के स्वप्नों से उपजे भाव के द्वारा अनेक बार प्रभावित होता है।

यह जो तिल-तिल कर एक पौधा बड़ा हो रहा है, वह वृद्धि आँख से दिखाई नहीं देती, पल-पल में किस तरह उसके परिमाण को मापकर देख पाओगे ? वह वृद्धि बाहर के आघात से कैसे प्रभावित होती है ? खाना देने से या खाना बंद करने से क्या अंतर आता है और वह बदलाव आने में कितना समय लगता है ? दवाई देने से या जहर का प्रयोग करने से क्या परिवर्तन होता है ? एक जहर से दूसरे जहर को पौधे कैसे पहचानते और प्रतिकार करते हैं ? जहर की अलग-अलग मात्राओं के प्रयोग से क्या परिणाम होते हैं ?

यदि पेड़ बाहर के आक्रमण की किसी तरह से प्रतिक्रिया देते हैं तो वे आक्रमण को महसूस करने में कितना समय लेते हैं? वह अहसास अलग समय और परिस्थितियों में कैसे परिवर्तित होता है? उस समय क्या हम पेड़ से कुछ लिखाकर प्राप्त कर सकते हैं? बाहर का आघात अंदर कैसे पहुँचता है? पौधों में तंत्रिका तंत्र उपस्थित है या नहीं? अगर है तो संकेत तंत्रिका तंत्र में किस वेग से आते-जाते हैं? अनुकूल घटनाओं से क्या वह वेग बढ़ता है? क्या मुश्किल परिस्थितियों में वह गति धीमी या बंद हो जाती है? हमारे तंत्रिका तंत्र के साथ पेड़ की क्रियाओं की क्या समानता है? इस गति और उस गति में परिवर्तन क्या किसी प्रक्रिया से स्वलिखित हो सकते हैं? जीव के हृदय में जैसे धड़कनवाली मांसपेशियाँ होती हैं, क्या पेड़ में भी ऐसा होता है? स्वतः धड़कन का क्या मतलब है? अंत में मृत्यु के बड़े आघात से जब पेड़ का जीवन दीप बुझ जाता है, उस खास समय को क्या पकड़ा जा सकता है? और मरते समय पेड़ क्या कोई बहुत जोर की आवाज करके हमेशा के लिए सो जाता है?

अलग-अलग अध्याय के इतिहास, अलग-अलग यंत्रों के द्वारा, अलग-अलग प्रकार से रजिस्टर होने से ही पेड़ का प्राकृतिक इतिहास बचाया जाएगा।

पेड़ की लिखावट

जीव किस प्रकार के आक्रमण से चकित होता है? उस संकुचन में ही जीवन की प्रतिक्रिया छुपी है। जीवन की परिपूर्ण अवस्था में प्रतिक्रिया बड़ी होती है, दुःख के समय हलकी होती है और मृत्यु के बाद प्रतिक्रिया का अंत हो जाता है। पेड़ घायल होने से थोड़े समय के लिए सिकुड़ता है; वह सिकुड़न अल्प होने के कारण दिख नहीं पाती। मशीन के सारे वे छोटे-छोटे सिकुड़न बड़े रूप में रजिस्टर हो सकते हैं। इसमें यह रुकावट है कि पेड़ के लिपट जाने की शक्ति बहुत हलकी और इसकी प्रतिक्रिया को लिखने के समय कलम फलक के घर्षण से रुक जाती है। यह रुकावट दूर करने के लिए मैं 'समतल' नामक यंत्र का आविष्कार करने में समर्थ हुआ। अगर दो अलग-अलग वायलिन के तार एक ही सुर में बाँध दिए जाते हैं तो एक तार बजने से दूसरा तार एक भी अनुनाद में कंपित हो उठता है। तरु-लिपि यंत्र में पेन लोहे से बनी होती है और

यह तार बाहर के एक तार से एक ही सुर में बँधी होता है। मान लो कि दोनों तार एक सेकंड में सौ बार कंपन करते हैं। बाहर का तार बहाने से कलम 100 बार कंपन करेगा और परिणाम को 100 बिंदु में अंकन करेगा। ऐसे फलक के साथ धीरे-धीरे घर्षण की रुकावट दूर हो जाएगी। इसके व्यतीत हो जाने के बाद प्रतिक्रिया लिखावट में समय पल-पल में सब रजिस्टर होता है, कारण एक बिंदु और अगले बिंदु में 1/100 का फासला है।

पेड़ : शर्मीला है या नहीं

परीक्षण के परिणाम बताने से पहले पेड़ को 'शर्मीला है या नहीं' प्रतिक्रियाशील और अप्रतिक्रियाशील बोलकर दो वर्गों में बाँट दिया गया है, इस अंधविश्वास को दूर करना बहुत जरूरी है। हर पेड़ ही प्रतिक्रियाशील है, यह विद्युत् माध्यम से दिखाया जा सकता है। लेकिन सिर्फ लज्जावती पौधा पत्तों को हिलाकर प्रतिक्रिया क्यों देता है ? साधारण पेड़ ऐसा क्यों नहीं करता ? यह समझने के लिए सोचकर देखिए कि हम एक हाथ के पास की मांसपेशियों के हिलने से ही हाथ हिलाकर प्रतिक्रिया दे देते हैं। अगर दोनों तरफ की मांसपेशियाँ हिलाते तो हाथ नहीं हिलता। सामान्य पौधे की मांसपेशियाँ चारों तरफ से घायल होकर एक ही साथ सिकुड़ती हैं, इसलिए कोई प्रतिक्रिया नहीं आती। लेकिन अगर एक तरफ की मांसपेशी को क्लोरोफॉर्म से निष्क्रिय बनाते हैं तो सामान्य पेड़ की प्रतिक्रिया करने की ताकत आराम से साबित की जा सकती है।

प्रतिक्रिया समय का मापन

जब जीव घायल होता है, तब प्रतिक्रिया नहीं करता। किसी मेढक के पेट में सूई चुभोने से प्रतिक्रिया पाने में कम-से-कम 1/100 सेकंड का समय लगता है। अंग्रेजी भाषा में इस समय को गुप्त समय (Latent Period) बोलते हैं। प्रतिक्रिया समय इसके पर्याय के रूप में इस्तेमाल होता है।

बाहर की परिस्थिति के हिसाब से प्रतिक्रिया समय कम और अधिक हो जाता है। कमजोर आघात को महसूस करने में थोड़ा समय लग जाता है, लेकिन

गहरा आघात सहने में ज्यादा समय खर्च नहीं होता और जब सर्दी में जीव मुरझाकर रहता है, तब उसकी प्रतिक्रिया और लंबी हो जाती है। हम जब थके होते हैं, तब भी प्रतिक्रिया महसूस करने में समय थोड़ा लंबा हो जाता है, यहाँ तक कि कभी-कभी तब प्रतिक्रिया करने की ताकत भी खो जाती है। पेड़ का अनुभव भी इसी परंपरा का है। लज्जावती द्वारा तेज अवस्था में प्रतिक्रिया समय 1/100 सेकंड मेढक की अवस्था से तुलना करने में सिर्फ छह गुना ज्यादा है। आश्चर्य की बात यह है कि मोटा पेड़ आराम से, धीरज से प्रतिक्रिया देता है, लेकिन पतला पेड़ एक बार में सप्तम सुर में आलाप करके बैठ जाता है। मनुष्यों में भी ऐसी समानता है क्या? आप लोग सोचकर देखना।

ठंडी में पेड़ों का प्रतिक्रिया समय लगभग दोगुना लंबा हो जाता है। आक्रमण के बाद पेड़ को सामान्य होने में लगभग 15 मिनट लग जाते हैं। उसके पहले आक्रमण करने से प्रतिक्रिया समय लगभग 1.5 गुना ज्यादा होता है। ज्यादा थके होने से प्रतिक्रिया करने की क्षमता अस्थायी रूप से कम हो जाती है, तब पेड़ एक बार भी प्रतिक्रिया नहीं देता। यह परिस्थिति कौन सी परिस्थिति है, मेरे लंबे भाषण के बाद आप लोग यह आसानी से दिल से समझ पाएँगे।

प्रतिक्रिया की मात्रा

अलग-अलग समय में इस प्रतिक्रिया का काफी बड़ा तारतम्य होता है। सुबह के समय, रात्रि की निश्चेष्ट जनित पेड़ में थोड़ी जड़ता रहती है। आघात के बाद यह यात्रा चलती जाती है और प्रतिक्रिया की मात्रा धीरे-धीरे बढ़ती जाती है; यह जैसे जागरण की परिस्थिति होती है। गरम पानी से नहाने के बाद पेड़ों की जड़ता जल्दी ही दूर हो जाती है। लेकिन विश्राम के लिए समय देने से यह थकान चली जाती है। आघात की मात्रा बढ़ने से प्रतिक्रिया की मात्रा भी बढ़ती जाती है, लेकिन उसकी एक सीमा है। इस बारे में पेड़ और मनुष्य में कोई अंतर नहीं है। और भी आश्चर्य का विषय यह है कि सर्दी में घायल होने से ठीक होने में हमें बहुत समय लग जाता है, सर्दी में पेड़ भी घायल होने के बाद सामान्य होने में देरी करते हैं। गरमी में जो 15 मिनट में ठीक हो जाता है, सर्दी में वह आधा घंटे से ज्यादा समय लेता है।

पेड़ में उत्तेजना का प्रवाह

जंतु के शरीर में एक जगह चोट होने से वह तंत्रिका के द्वारा दूर तक पहुँचती है। तंत्रिका में संकेत प्रवाह की कुछ विशेषताएँ हैं। पहला—तंत्रिका में प्रवाह अलग-अलग परिस्थिति में बढ़ या कम हो जाता है। गरमी में इसका वेग बढ़ता है और ठंड में इसका वेग कम हो जाता है। इसके द्वारा धारा प्रवाह में तंत्रिका में कुछ महत्त्वपूर्ण परिवर्तन आते हैं। जब तक तंत्रिका से धारा प्रवाहित होती रहती है, तब तक कोई महत्त्वपूर्ण ध्यान देनेवाली घटना नहीं घटती। लेकिन धारा प्रवाह को भेजने और बंद करने के समय कोई विशेष स्रोत की जगह में उत्तेजना और दूसरी जगह पर दर्द दिखता है। धारा प्रवाह के समय जिस जगह से धारा तंत्रिका को छोड़ती है, उसी जगह तंत्रिका अचानक उत्तेजित हो जाती है। इस समय अगर तंत्रिका के किसी भाग में विद्युत् प्रवाह होता है तो उस जगह से कोई सूचना नहीं जा पाती। लेकिन विद्युत् प्रवाह बंद करने से इस प्रकार बंद हुआ रास्ता खुल जाता है, तंत्रिका फिर से सूचना ले जाने में सक्षम हो जाती है।

मशीन के सहारे पेड़ के शरीर में तंत्रिका से जिस प्रकार खबर भेजते हैं, वह बहुत आसानी से सूक्ष्मता से पकड़ी जा सकती है और एक ही मशीन के सहारे एक जगह से दूसरी जगह खबर भेजने में कितना समय लगता है, उसका भी निर्णय हो सकता है। तंत्रिका का वेग पेड़ के शरीर में मेढक के शरीर से कम, लेकिन छोटे जाति के जानवर से तेज होता है। जानवर और पेड़ दोनों में 09 डिग्री तापमान बढ़ने से तंत्रिका का वेग लगभग दो गुना से बढ़ जाता है। विद्युत् प्रवाह की शुरुआत के समय पेड़ की तंत्रिका के एक जगह उत्तेजना और दूसरी जगह दर्द होता है। विद्युत् के प्रवाह से पेड़ में तंत्रिका में प्रवाह अचानक बंद हो जाता है। तंत्रिका को लेकर जितने प्रकार के परीक्षण हैं, उन परीक्षणों के द्वारा मैं यह साबित करने में सफल हुआ था कि जानवरों और पौधों में कोई अंतर नहीं है।

स्वतः स्पंदन

जानवरों के शरीर के मामले में एक आश्चर्यजनक घटना देखने को मिलती है। मनुष्य और अलग-अलग जीव के बीच में ऐसी बहुत मांसपेशियाँ हैं, जो खुद से ही धड़कती हैं। जितने पल जीवन रहता है, उतना हृदय हमेशा

धड़कता रहता है। कोई भी घटना बिना कारण के नहीं घटती, लेकिन तब स्पंदन कैसे स्वतःस्फूर्त हुआ? इस सवाल का संतोषजनक उत्तर अभी तक नहीं मिला है।

लेकिन पौधों में भी ऐसा स्वतः स्पंदन दिखता है; उसके अनुसंधान से ही संभवतः जीव स्पंदन का रहस्य का कारण प्रकाशित होगा।

शरीर क्रियाविज्ञानियों ने मानव हृदय जो जानने के लिए मेढक और केंचुए के हृदय लेकर खेल खेले हैं। हृदय को जानने का जो शब्द है, वह शारीरिक अर्थ में इस्तेमाल कर रहा हूँ, कविता के अर्थ में नहीं। हर मेढक को लेकर परीक्षण आसान नहीं है, इसलिए उसका हृदय काटकर बाहर करते हैं, परीक्षण करते हैं कि किन-किन अवस्थाओं में हृदय की गति कम होती या बढ़ती है।

हृदय काटकर बाहर करने से धड़कन बंद होने का उपक्रम आता है। तब छोटे पाइप द्वारा हृदय में रक्त का दबाव देने से धड़कन देर तक स्वतः चलती रहती है। इस समय गरम करने से हृदय की धड़कन और अधिक गति से संपादित होती है, लेकिन तरंगें छोटी होती चली जाती हैं। ठंड का प्रभाव इसका उलटा होता है। अलग-अलग दवाओं के द्वारा हृदय की सामान्य धड़कन विभिन्न तरीके से बदलती रहती है। ईथर को लगाने से दिल की धड़कन कुछ समय के लिए थम जाती है...हवा करने से वह अवचेतन अवस्था से फिर सामान्य अवस्था में लौट आती है। क्लोरोफॉर्म का प्रयोग तुलनात्मक रूप से अधिक खतरनाक है। उचित मात्रा से अधिक होने से हृदय की धड़कन एक बार में बंद हो जाती है। अतः अलग जहर के प्रयोग से भी हृदय की धड़कन बंद हो जाती है। लेकिन इस बारे में एक आश्चर्यजनक रहस्य यह है कि किसी जहर में हृदय की धड़कन संकुचित होने से और किसी जहर के कारण फूल जाने से बंद हो जाती है। इस प्रकार एक जहर के द्वारा दूसरे जहर का प्रभाव खत्म कियां जा सकता है।

जीव की स्वतः स्पंदित होती धड़कन का संबंध संक्षिप्त में समझाया। पेड़ में भी क्या यह आश्चर्यजनक घटनाएँ दिखती हैं? विभिन्न परीक्षण करके पौधों की कई मांसपेशियाँ जिनमें धड़कन संभव है, उसके काफी सबूत मिले हैं।

वन चांडाल का नृत्य

वन चांडाल नामक पेड़ की स्पंदनशीलता आसानी से दिखाई देती है। इसके छोटे–छोटे पत्ते खुद से नृत्य करने लगते हैं। लोगों का मानना है कि हाथ की चुटकी से ही नृत्य शुरू हो जाता है। यह पेड़ का संगीत ज्ञान है, यह नहीं बोल पाऊँगा, लेकिन वन चांडाल के नृत्य के साथ चुटकी का कोई संबंध नहीं है। पेड़ की बेंत की प्रतिक्रिया की फाइल को पढ़कर लगता है कि जानवरों और पौधों की धड़कनें एक ही नियम से संचालित होती हैं, यह निश्चित रूप से बोला जा सकता है।

परीक्षण की आसानी के लिए, वन चांडाल के पत्तों में छेद करने से नृत्य बंद कर देता है। लेकिन पाइप द्वारा पौधों के रस के दबाव से धड़कन पुनः शुरू हो जाती है और अनवरत गति से चलती रहती है। उसके बाद दिख जाता है कि गरमी में धड़कन की संख्या बढ़ती है, ठंड में धड़कन की संख्या कम हो जाती है। ईथर को लेपने से धड़कन बंद हो जाती है, लेकिन हवा देने से अवचेतन अवस्था दूर होती है, क्लोरोफॉर्म सबसे खतरनाक है; सबसे आश्चर्य की बात यह है कि जहर की वजह से जो धड़कन योग्य हृदय धड़कना बंद कर देता है, उस जहर से पौधों की भी धड़कन बंद हो जाती है। मैं पौधों में एक जहर से दूसरे जहर को खत्म करने में सफल हुआ हूँ।

अब देखना पड़ेगा कि स्वतः स्पंदन का प्रमुख रहस्य क्या है? पौधों का परीक्षण करने से देख पाता हूँ कि किसी भी पौधे के शरीर को आघात करने के बाद उसी समय कोई प्रतिक्रिया नहीं मिलती। लेकिन जो बाहर की ऊर्जा पौधों के अंदर जाकर एकदम ही खत्म हो गई, ऐसा भी नहीं है; पौधे उस आघात की ताकत का संग्रह करके रख लेते हैं। इसी प्रकार से खाना खाने के लिए भी जरूरी है, बाहरी प्रकाश और ऊष्मा और दूसरी शक्तियों से पौधे ऊर्जा संग्रह करते हैं। जब पूरा भरपूर होता है, तब संगृहीत ऊर्जा को खर्च करने में उतावले होते हैं। उस उतावलेपन को हम 'स्वतः स्पंदन' कहते हैं। जो स्वतः बोलकर मानते हैं, असल में वे संगृहीत शक्ति की बाहरी तरंगें हैं। जब संग्रह खत्म हो जाता है, तब 'स्वतः स्पंदन' भी खत्म हो जाता है। ठंडे पानी को फेंककर वन चांडाल द्वारा संगृहीत ऊर्जा का हरण करने से धड़कनें बंद हो जाती हैं। थोड़ी देर बाद बाहर से ऊष्मा संग्रह होने से फिर से स्पंदन शुरू हो जाता है।

पेड़ के खुद के स्पंदन/धड़कन के काफी प्रकार हैं। कुछ-कुछ पेड़ बहुत काम समय में शक्ति का संचय करने के बाद ही उतावले हो उठते हैं, लेकिन उनका स्पंदन अधिक समय तक नहीं चलता। स्पंदन को सुरक्षित करने के लिए वे उत्तेजना के भूखे होते हैं। बाहर की उत्तेजना बंद होने से स्पंदन रुक जाता है। कैरंबोला (Carambola) का पेड़ ऐसा ही है।

और कुछ पेड़ बाहर के आघात से भी बहुत समय तक प्रतिक्रिया नहीं देते; बहुत समय लेकर के वे संचय करते हैं, लेकिन जब उसकी परिपूर्णता बाहर प्रकाश पाती है, तब उसकी उत्तेजना काफी समय तक रहती है। वन चांडाल इस तरह का उदाहरण है।

मनुष्य की इस परिस्थिति को स्वत:उद्भवन या उद्दीपन कहा जा सकता है। उस अवस्था के लिए संचय करना और परिपूर्णता आवश्यक है। कुछ-कुछ संकेत देखकर लगता है कि वह परिस्थिति स्वत:-स्पंदन का ही एक उदाहरण मात्र है। अगर यह सच है, तब उस परिस्थिति में रहनेवाले साधक के द्वारा चिंता करना कौन सा रास्ता है—कैरंबोला (Carambola) या वन चांडाल के कदमों का अनुसरण करना—क्या यह उनके लिए अनुकूल है ?

मृत्यु की प्रतिक्रिया

अंत में पेड़ की जिंदगी में एक ऐसा समय आता है, जब कोई भीषण चोट के बाद अचानक हर प्रतिक्रिया करने की ताकत खत्म हो जाती है। वह चोट मृत्यु की चोट है। लेकिन उस अंतिम पल में पेड़ की सुंदर मूर्ति धुँधली नहीं होती। झुकना या सूख जाना बहुत बाद की अवस्था है। मृत्यु की रुद्र पुकार जब आकर पहुँचती है, तब पेड़ अपना अंतिम उत्तर कैसे देता है ? मनुष्य की मृत्यु के समय जैसे एक दारुण शोक समस्त शरीर के बाहर बह जाता है, ठीक वैसे ही अंतिम पल में पेड़ के शरीर से भारी संकुचन का दु:ख प्रकाश पाता है। ऐसे समय में एक विद्युत् प्रवाह पेड़ के शरीर में बहुत जोर से प्रवाहित होता है। लिपि यंत्र में इस समय अचानक से आए संकेत को लिखने के बाद गति बदल जाती है—ऊपर उठनेवाली रेखा नीचे की तरह दौड़कर थम जाती है। यह प्रतिक्रिया पेड़ की अंतिम प्रतिक्रिया होती है।

पेड़ हमारे मूक सखा हैं। हमारे दरवाजे के पास में शांति से जिन लोगों के जीवन की लीला चल रही है, उन्होंने अपने गहरे मन की बात भाषाहीन अक्षरों में रजिस्टर कर दी और उन्होंने अपने जीवन की उत्तेजना तथा मरने की ग्लानि आज हम लोगो को दृष्टि के सामने प्रकाशित कर दी। जीव और पेड़ के बीच, जो अद्भुत दूरी बन गई थी, वह दूर हुई। कल्पना के परे कई समाचारों की साफ भाषा में घोषणा करके आज विज्ञान ने भिन्नता के बीच में एकता का सबूत दिया।

□

नवीन और प्रवीण

वैश्विक मानव के ज्ञान को बढ़ाने के लिए भारतवर्ष ने जो आह्वान किया है, उसकी एक विशेषता यह दिखती है कि उसने क्षुद्र को छोड़कर हमेशा वृहद् की खोज की है। दूसरे देशों में ज्ञान का संसार इतने भागों में टूट गया है कि सबको एक-एक करके जानने की कोशिश नाकाम हुई है। भारत की विचार-प्रक्रिया अलग है। इसलिए उसकी कविता, साहित्य, ज्ञान के अंदर रहनेवाली एक महान् सत्य को बाहर लाने की कोशिश करती है। ज्ञान की खोज में आसमान में तैरता हुआ क्षुद्र धूल कण विश्व के अनगिनत जीव और ब्रह्मांड के करोड़ों सूरज के बीच में एकता की खोज कर रही है। इसलिए लगता है कि आपने विज्ञान और साहित्य को एक-दूसरे का अंश मानकर दो साल पहले एक विज्ञान सेवी को उसके अनजाने में साहित्य परिषद् में सभापति नियुक्त किया था।

विज्ञान के बारे में जो बोलना है, वह दूसरे दिन बोलूँगा। उसके पहले परिषद् के भविष्य की उन्नति के लिए कुछ बात आगे लाऊँगा। जब आपने मुझे सभापति नियुक्त किया, तब इस बारे में मैंने नाराजगी जताई थी। एक तरफ समय की कमी और कमजोर स्वास्थ्य तथा दूसरी तरफ परिषद् में कोई काम करना संभव होगा कि नहीं, इस बारे में आशंका थी। सुना था कि यहाँ की गुटबाजी इतनी सशक्त है और आर्थिक परिस्थिति इतनी शोचनीय है कि कोई चाहकर भी कोई कुछ नहीं कर सकता। इसलिए पहले अस्वीकार कर दिया था। इसके बाद भी जब आप लोगों ने मुक्ति नहीं दी, तब तय कर लिया कि साहित्य परिषद् के लिए जितना हो सके, करूँगा और पूर्ण शक्ति का इस्तेमाल विकास के लिए

करूँगा। जो कमजोर है, वह मृत चीज को लेकर बैठा रहता है। जो जीवित है, उसके जीवन का उत्साह चारों तरह फैल जाता है, हमें यह देश मिला है, वर्तमान युग में पूरे भारत के जीवन प्रवाह में एक उत्साह बह रहा है, जो मृत्युंजयी होगा। हमारा साहित्य सिर्फ पुरानी किताबें प्रकाशित करके नहीं रुकेगा, वर्तमान युग का नया साहित्य, दर्शन, इतिहास, विज्ञान आदि को एक-एक करके जिंदा साहित्य बनाकर ऊँचा उठाएँगे। यह मैं साहित्य परिषद् के सबसे प्रमुख उद्‌देश्य बता रहा हूँ। इस उद्‌देश्य को काम में बदल सकने में जो रुकावट हैं, जो मुश्किलें हैं, वह दूर करनी पड़ेंगी, उसके बाद देश के विचारवान मनीषियों की बिखरी हुई कोशिशों को एकत्र करके एक करने की कोशिश की जाएगी, उस दिशा में थोड़े प्रयास करने होंगे।

और भी सोचने की बात है कि जिस गुटबाजी से परिषद् की प्रगति अवरुद्ध हो गई है, उस गुटबाजी से परिषद् को कैसे बचाया जा सकता है? और वे सब रुकावटें दूर करके परिषद् का मुख्य उद्‌देश्य यह है कि साहित्य की हर दिशा में विकास को कैसे साधा जा सकता है।

गुटबाजी

जीवन की तमाम विपरीत बाधाओं के साथ लड़ाई और तमाम देश घूमने के बाद जाना है कि सफलता कहाँ से आती है और हार क्यों होती है। मैंने देखा है कि किसी अनुष्ठान में कर्तव्य किसी व्यक्ति विशेष के लिए होता है, जहाँ बाकी सब लोग अपने कर्तव्यों को किनारे फेंककर तमाशा देखनेवालों की तरह या तो सिर्फ तालियाँ बजाया करते हैं, नहीं तो सिर्फ आलोचना करते हैं, वहाँ काम सिर्फ कर्ता के हिसाब से नहीं चलता है। देश के कल्याण के लिए जो शक्ति साधारण (जनता) के कल्याण के लिए अर्पण की थी, ऐसा एक दिन आता है, जब वह ताकत साधारण लोगों को तोड़ने के काम आती है, तब देश बहुत दूर चला जाता है, व्यक्तिगत शक्तियाँ अपने प्रवाह में चलती हैं। उसमें जो गुटबाजी की आग की शक्तिशाली लपटें उठती हैं, वे अनुष्ठान तक को खा जाती हैं। गुटों के नेता अगर अपने सहकर्मियों को मशीन का पुरजा नहीं मानते; हर आदमी के अंदर मानवता का जागरण करने की कोशिश करते हैं, तभी देश का वास्तव में कल्याण हो

सकता है। इस कारण से साहित्य परिषद् व्यक्तिगत मतभेदों के स्थान पर एकजुट होकर कोशिश करके जिस तरह मजबूत बन सके, उसके लिए हर कोशिश कर रहा हूँ। किसी स्थापित साहित्य समिति को छोटा करके खुद बड़ा होने के प्रयास को अपने अंतर्मन से मैं बहुत तुच्छ काम मानता हूँ, इसलिए हर समिति की सहायता और शुभेच्छा लेने-देने के लिए कोशिश करता हूँ। साधारण सदस्यों के उत्साह के ऊपर परिषद् का भविष्य बहुत हद तक निर्भर करता है, यही कारण उनके लिए लिखा था—"परिषद् के सभापति, संपादक और कार्यनिर्वाहक सभा साहित्य परिषद् के मुख्य उद्‌देश्य साधन का बहाना मात्र हैं! सदस्य अगर खुद के कर्तव्यों को याद करके निस्स्वार्थ और कर्तव्यपूर्ण परिषद् का निर्वाचन करते हैं, तभी परिषद् की एक के बाद एक बेहतरी होगी। इस संबंध में सदस्यों की कमजोरी भविष्य की दुर्गति का कारण बनेगी। इस आसान रास्ते की जगह राष्ट्रीय मामलों पर निर्भर होने का रास्ता क्या सही रहेगा? वह प्रतिस्पर्धा का ही पूर्ण प्रकाश है। एक साथ काम करने में क्या हमारी साधना नहीं है? राष्ट्रीय विपदाओं के समय में सहयोगियों और विरोधियों के बीच में अंतर बड़ा और स्पष्ट हो जाता है, एक तरफ दूसरों के अवगुण खोजकर बेकार बातें फैलाता रहता है, दूसरी तरफ भी जवाब में एक कदम ऊपर उठता है। इसका अंत कहाँ है? जिस अंतर्मन के महान् उत्साह में साहित्य विकसित होता है, वह क्या ऐसे ही कीचड़ में समाहित हो जाएगा?

नवीन और पुराने में एक ही अंतर है, लेकिन यह सिर्फ खराब संवाद के कारण नहीं है। व्यक्ति-विशेष के अहंकार की प्रकृति इस गुटबाजी का कारण है; यह नया या पुराना किसी का अपना नहीं है। पुराने लोग बहुत सावधानी से चलना चाहते हैं, लेकिन पृथ्वी की गति बहुत तेज है। बुढ़ापा उनके शरीर में ठहरता है, मगर मन तो बहुत ऊपर है, वह तो सदाबहार है। मानवता क्यों साहस खोएगी? दूसरी तरफ युवा अनुभव की कमी से बहुत तेज चलना चाहते हैं और रुकावट के बारे में सोचकर नहीं देखते। जिन लोगों ने बहुत दिन से अनुष्ठान को स्थापित किया है, वह अपने इतिहास के मूल के बारे में भूल जाते हैं। शायद किसी बुजुर्ग के द्वारा बहुत कष्ट से कमाया धन युवा बिना किसी हिचकिचाहट के खुद ही खर्च करना चाहते हैं। बुजुर्ग इसमें आभार की कमी की परछाईं देखते हैं। वह

चाहे जैसा ही हो, यह धरती बुजुर्ग को भी चाहती है और युवा को भी चाहती है; बुजुर्ग भविष्य में न रोके जा सकनेवाले परिवर्तन से न डरें और युवा भी बुजुर्ग की तमाम दिनों की कोशिशों को प्रशंसा, सम्मान की नजर से देखें। जिस देश में हमारे सामाजिक जीवन में युवा और बुजुर्ग के क्रियाकलाप में समानता साधी गई है, उस देश में मुझे यह बात समझानी पड़ेगी?

परिषद् कार्य साधारण सदस्यों के द्वारा चुनी गई कार्यसमिति द्वारा परिचालित होती है। वे ही जनता के नेता बनकर आते हैं। उनमें अधिकतम के विचारों के द्वारा हर किसी मामले पर निर्णय होता है। यह छोड़कर कार्य को करने की कोई बेहतर प्रक्रिया नहीं है। अगर इसमें किसी के व्यक्तिगत विचार स्वीकार्य नहीं होते तो इसके लिए अगर वे परिषद् के हर काम को छोड़कर चले जाना चाहते हैं तो वे अपने इस बचपने को छोड़कर इन नए लड़कों के द्वारा मनमौजी छोड़ने के लिए कैसे बोल सकते हैं? और एक बात—अतीत की गलती को पूरा न मिटाने तक नई कोशिश एक बार में ही करना असंभव है।

इन सबने गलतियों के बारे में बोला, वह एकांत अस्थायी है। बहस में बहुत बातें सुनी थीं, विश्लेषण करके भी जाना कि उसमें से बहुत सारी ही बातें हठी बनने की आदत से आती हैं। मैंने दोनों पक्षों में किस चीज को लेकर मतभेद है, इस बारे में बोलने के लिए निवेदन किया था, बाद में उनके साथ इस विषय पर वार्त्तालाप भी किया है। देखा गया है कि मतभेद का कारण लगभग कुछ नहीं है, ऐसा कहा जा सकता है।

परिषदगृह में भाषण

जिस सबके बारे में बात की, वह सब काम करने का बहाना मात्र है। साहित्य की हर तरीके से प्रगति इस परिषद् का मूल उद्देश्य है। इतने समय से प्रभावशाली मनीषीयों के चिंतन के फलस्वरूप साधारण लोगों के निकट उपस्थित करने के लिए एक के बाद एक भाषण का उपक्रम करने में समर्थ हुआ हूँ।

कुछ दिन पहले कलकत्ता विश्वविद्यालय में आए कमीशन इस जगह को भी देखने के लिए आएँगे, उस कमीशन के विदेशी सभ्यगणों ने परिषद् के काम

को लक्ष्य करके इसके राष्ट्रीय जीवन के पुष्पित-पल्लवित होने में सहमति जताई थी। भारत के दूसरे प्रदेशों में भी मैंने भ्रमण करके देखा, हमारे यहाँ की साहित्य परिषद् को आदर्श मानकर वे लोग दूसरी परिषद् का गठन करने की कोशिशें कर रहे हैं। ये सब ही आशा की बातें हैं—आशा छोड़कर हमारा और क्या सहारा है? सामने जो भयंकर खराब दिन आ रहे हैं, उसमें हमारा राष्ट्रीय जीवन खतरे में है, ऐसे बुरे दिनों में क्या आशा लेकर रहेंगे? जो दो-एक आशा की बातें हैं, उसमें यह साहित्य परिषद् अन्यतम है। हमारी लापरवाही से क्या यह क्षीण होकर बुझ जाएगी?

□

बोधन

सौ साल से भी पहले हमारे वंश की जननी प्रपितामही देवी ने तरुण यौवन में विधवा होकर एकमात्र संतान लेकर भाई के घर में शरण ली थी। पुत्र की शिक्षा और देखभाल का बोझ लेकर प्रपितामही जब सारे विरोधी बलों के साथ संघर्ष कर रही थी, तब एक दिन उनका छोटा लड़का शिक्षक की प्रताड़ना के कारण घर के अंदर आते ही अपनी माँ के आँचल में छुप गया। जोकि अपनी सारी शक्ति तिल-तिल कर अपने पुत्र की सफलता के लिए सिर्फ खर्च कर रही थी, वह प्यारी माँ अचानक से उग्र रूप लेकर पुत्र का हाथ पकड़कर अर्पण करने उसके शिक्षक के पास पहुँच गई। सोचकर देखें तो हमारी मातृभूमि हमारी तेजस्विनी वंशजननी की तरह है। संतानों के पराक्रम और पुरुषत्व से तेजवान होने से उसने तुम्हारे प्रति अपने गंभीर वात्सल्य को प्रकाशित किया है। उसने अपने पुत्र को अपने आँचल में रखकर आलस्य में अपना समय बरबाद नहीं होने दिया, लेकिन संसार की आग की भट्ठी जैसी कर्मशाला में उन लोगों को झोंककर दृढ़ता से बोला है, "पृथ्वी के युद्ध जैसे कर्मक्षेत्र में इस प्रकार यश अर्जित होता है, पराक्रम और पौरुष संग्रह कर सकने से ही मेरी गोद में लौट पाओगे।" माता के आदेश का पालन करने के लिए बहुत सालों पहले दीपंकर हिमालय को लाँघकर के तिब्बत गए थे। उसके बाद आधुनिक समय तक बहुत बंगालियों ने भारत के बहुत स्थानों में जाकर यश, धर्म, कर्म का संग्रह किया है। यह पराक्रम और पराक्रमी संतानों की भूमि है, अमानवीय कमजोर लोगों की नहीं। मेरी भी पूजा शायद उन्होंने ग्रहण की, यह साहस पर छोड़कर मैं बहुत दिन विदेश में गुजारकर जननी की प्यार भरी कोख

में वापस आ गया हूँ। हे जननी, तुम्हारे आशीर्वाद से मैं बंग भूमि और भारत के सेवक रूप में गृहीत हुआ हूँ।

किस घटनाक्रम में यहाँ सभापति के नियुक्त हुआ हूँ, वह मैं अभी तक समझ नहीं पाया। किस नियम से हमारे देश में कोई एक सँकरे रास्ते में ख्यातिलब्ध व्यक्तियों को असमान कार्यों में नियुक्त किया जाता है, उसका कारण बताना कठिन है। जिस तर्क के हिसाब से व्यवहारजीवी को कल-कारखाने में निदेशक नियुक्त किया जाता है, उसी नियम से स्थानीय जगह से दूर विद्वानों को आज राष्ट्रीय मामलों के लिए नियुक्त किया जाता है। इस नियुक्ति के बारे में आपने मेरा विरोध स्वीकार नहीं किया। आप लोगों के लिए मैं अच्छा कुछ बोल पाऊँगा, इस विषय में मुझे विशेष संदेह है। जिस विषय में मेरा कोई अनुभव नहीं है, उस विषय में कुछ बोलना मेरी धृष्टता मात्र होगी। मैंने खुद के जीवन में जो अनुभव लाभ किया है, केवल उस विषय में कुछ बोलूँगा। पृथ्वी के बहुत देश घूमकर मुझे यह ज्ञात हुआ है कि हमारी सारी शिक्षा सिर्फ मानवता को पाने की कोशिश मात्र है। किस तरीके से हम कमजोर होने का रोना और स्त्रीजन सुलभ मान-अभिमान और मनमौजीपन को त्यागकर के पुरुषोचित शक्तिबल के द्वारा खुद के हाथों से खुद के भाग्य का निर्माण कर सकते हैं, यही एकमात्र साधना है।

जीवन संग्राम

जीवन संग्राम में सिर्फ शक्तिमान ही जीवित रहता है, दुर्बल का विनाश होता है, यह बात सिर्फ निम्न जीवों के लिए ही लागू होती है, मैं ऐसा मानता था। लेकिन पृथ्वी घूमने के बाद यह भ्रांति दूर हुई है, अब देख रहा हूँ कि विश्व भर में संग्राम में दुर्बलों का विनाश हो जाएगा और सबल की स्थापना होगी। यह मत मानिएगा कि हम दूर हैं, इसलिए भयंकर आग हमें स्पर्श नहीं करेगी। बहुत दिनों से ही इस भीषण यज्ञ का अनुष्ठान शुरू हुआ है।

अफीम के सेवन से बहुत आसानी से कई कष्टों से खुद को बचाया जा सकता है। अत: अतीत पर किए गए पर गर्व करना ही वर्तमान दुरावस्था को भूलने का सही रास्ता है। हमारे सामने ही मलेरिया के कारण जनसंख्या कम हो रही है, देशी उद्योग जापानियों के साथ प्रतिस्पर्धा में खत्म हो रहे हैं, ये सब बातें

नहीं सोचते। हमारी जड़ता के बारे में यदि मैंने किसी तीक्ष्ण भाषा का इस्तेमाल किया है तो मुझे माफ करना। मैंने जीवन में यदि किसी सफलता को देखा है, तब यह जाना है, यह हमेशा खुद को चोट पहुँचाकर जाग्रत् रखने के कारण है। सपनों के दिन चले गए हैं, अगर जीना चाहते हो तो तेज चोट पहुँचाकर खुद को जाग्रत् रखो।

कई संक्रामक बीमारियाँ देश को जैसे पूरे तरीके से विध्वस्त कर रही हैं। यह सब खतरे अनिवार्य नहीं हैं, लेकिन यह हमारी अज्ञानता और कोशिश करने की इच्छा की कमी के जहरीले फल हैं। जिस तालाब से पीने का पानी भरा जाता है, उसका अपव्यय सभ्यता का परिचय नहीं है। यह सब अज्ञानता से कैसे दूर हो पाएगा, स्कूलों की प्रगति बहुत धीरे हो रही है और क्या कोई उपाय नहीं है, जिससे जाननेवाली आवश्यक बातें आसानी से लोगों तक पहुँचाई जा सकें? हमारे सामान्यजन में शिक्षा का प्रचार-प्रसार हमेशा बातों के द्वारा होता आया है। इसके अलावा थोड़ा ध्यान देने से ही कोई भी विषय आसानी से समझ आ जाता है। मेरी विवेचना के अनुसार स्वास्थ्य रक्षा के उपाय, गृह और पल्ली परिष्कार, विशुद्ध जल और वायु की व्यवस्था का निर्धारण जरूरी है। इन विषयों के बारे में शिक्षा का विस्तार और मानक मोहल्लों का गठन बहुत आसानी से हो सकता है। इसका उपाय है मेला स्थापित करना। 'यात्री मेला' देश के एक तरफ शुरू होकर कुछ दिनों में दूसरी तरफ पहुँच जाता है। इस मेले में स्वास्थ्य सुरक्षा के संबंध में छवि और चित्रकला को जोड़कर उपदेश, स्वास्थ्य, खेल-कूद और व्यायाम का प्रचलन, नाटक, भाषण और गाँवों के लिए उद्योग और उनके उत्पादों का संग्रह, कृषि प्रदर्शनी आदि गाँव के हित के लिए बहुत काम आसानी से किए जा सकते हैं। हमारे कॉलेज के छात्र भी इस उपलक्ष्य में अपने देश-परिचय-वृत्ति के कार्य में भेजे जा सकते हैं।

लोक सेवा

पिछले कुछ सालों से हमारे देश के छात्र विभिन्न रूप में लोक सेवा में आश्चर्यजनक विशेषज्ञता प्रदर्शित कर रहे हैं। इस प्रकार से उन्होंने देश का मुख उज्ज्वल किया है। 'पतितों की सेवा' अथवा 'डिप्रेस्ड मिशन' बहुतों में

एकांतिक उत्साह देखा जा रहा है। यह विशेष रूप से शुभ लक्षण हैं। इस संबंध में कुछ सोचने की बातें हैं। बचपन में पिताजी ने मुझको बंगाली स्कूल में भेजा था। तब बच्चों को अंग्रेजी स्कूल में भेजना अभिजात्य लक्षण माना जाता था। स्कूल के दाएँ में मेरे पिताजी के मुसलिम चपरासी का लड़का और दाएँ मछुआरे का लड़का मेरे सहपाठी होकर बैठते थे। मैं उनसे जानवर और मछलियाँ आदि के जीवन की कहानियाँ सुनकर स्तब्ध हो जाता था। संभवत: प्रकृति से जुड़े अनुसंधान के प्रति रुचि इन्हीं सब घटनाओं के कारण मेरे मन में जागी। छुट्टी के बाद जब दोस्तों के साथ में घर लौटता था, तब माँ हमें भोजन देती थीं। यहाँ तक कि वे पुराने विचारों की और बहुत निष्ठावान थीं, लेकिन इस काम में उनकी निष्ठा उलटी हो जाती थी तथा इस काम के लिए वे कभी मना नहीं करती थीं। बचपन में दोस्तियों की वजह से छोटी जाति बोलकर या हिंदू-मुसलमान के बीच में कोई समस्या है, यह मैं कभी समझ नहीं पाया। उन दिनों बाँकुड़ा के 'पतित अस्पृश्य' जाति के अनेक लोग गंभीर अकाल से प्रताड़ित हुए थे। जो लोग जितना भी खाना लेकर सहायता करने गए थे, उन्होंने देखा कि अनशन में जीर्ण हो चुके पुरुषों ने सहायता को अस्वीकार करके मरने की स्थितिवाली महिलाओं की ओर इशारा कर दिया था। बच्चों ने भी मुट्ठी भर खाना पाकर दस लोगों में खाना बाँट दिया, इसके बाद प्रचलित भाषा का अर्थ निकालना कठिन हो गया था। असल में कौन पतित है ? वह या हम ?

और एक बात, तुम और मैं शिक्षा को लेकर खुद को बेहतर कर पाए हैं और देश के लिए सोचने का समय भी हमारे पास है, यह किसके अनुग्रह से है ? इस विस्तृत राज्य की रक्षा का बोझ असल में कौन उठा रहा है ? यह जानने के लिए तुम्हें विकसित शहरों से अपनी नजर हटाकर गरीब गाँवों की ओर देखना पड़ेगा। वहाँ देख आओगे कीचड़ में आधे धँसे हुए अनशन से झूझते हुए, बीमारियों से कमजोर, हड्डी-पसली एक हो जानेवाली यह पतित जाति ही हरियाली से पूरी मानव जाति का पोषण कर रही है। राख से जमीन की पोषण क्षमता बढ़ती है। अस्थियों की बोध-शक्ति नहीं होती, लेकिन जो जिंदा राख के बारे में बोलता है, उसके मेरुदंड में अनंत कष्ट गूँथा हुआ है।

शिल्प का उद्धार

हाल में ही इस चीज को लेकर बहुत विरोध हुआ है। कोई मानता है कि सरकारी निदेशक की नियुक्ति होने से हमारे देश के उद्योग का उद्धार हो जाएगा। निदेशक महाशय सबकुछ जाननेवाले और सर्वशक्तिमान नहीं हैं। इन सब गुणों के एकजुट होने से भी विधाता पुरुष हमारी दुर्गति नहीं दूर कर पाएँगे। इससे लगता है, हमारे कुछ कर्तव्य हैं, जिनसे हमने मुँह मोड़ा हुआ है। जापान में रहते समय देखा था कि भारतीय विद्यार्थी वहाँ के विश्वविद्यालय में पहला स्थान पा रहे हैं, लेकिन काम करने की जगह में भारतीयों के लिए स्थान नहीं है। लेकिन वे जापान में इस अवस्था में भी अपने मन की बात सिद्ध न होने पर हारते नहीं हैं। वे अपनी असफलता का कारण दूसरों के ऊपर नहीं डालते। हमारी दुर्गति का असली कारण क्या है? इसका कारण यह है कि ऐसा (जापानियों जैसा) व्यवहार करने के लिए हमारे अंदर ताकत नहीं है। 'मंत्र की साधना या शरीर का पतन' यह बात हम सिर्फ मुँह से ही बोलते हैं। मैं जानता हूँ कि मेरे दोस्तों में से कुछ-कुछ स्वदेशी उद्योग के लिए सबकुछ अर्पण कर चुके हैं। बहुत दिनों की कोशिश के बाद वे वैज्ञानिक उपायों से बहुत सारी जरूरत की चीजें अच्छी गुणवत्ता के साथ उत्पादन करने में सफल हुए हैं। अत: उनका व्यापार स्थायी होगा, इसकी कोई गारंटी नहीं है। इसका मुख्य कारण यह है कि अभी तक वे एक कार्यकुशल और कर्तव्यशील निदेशक नहीं देख पाए हैं।

क्लर्क सौ-सौ मिले हैं, केवल उनके कलम और बातों में जोर है। विदेश में देख चुका हूँ कि अरबपति का बच्चा भी व्यापार सीखने की प्रक्रिया में सीखने के समय सबसे नीचेवाले स्तर से काम शुरू करके धीरे-धीरे वहाँ के हर एक काम को खुद करके सबकुछ सीखता हुआ शिक्षा प्राप्त करता है। हमारे देश में छोटे से ही लोगों के दिल में चोट लगती है। यहाँ हमारे देश के छात्र जो अमेरिका जाकर वहाँ के नियम के अनुसार किसी भी काम को छोटा न मानने का ज्ञान प्राप्त कर चुके हैं, वे वहाँ की चौकीदारी करके और बरतन धोकर बहुत कठिनाई से शिक्षा लाभ करते हैं। यहाँ लौटकर वे असल मानवता भूलकर विदेशियों जैसे बाहरी रूप धारण करके रहते हैं। अभी उन्हें बहुत सारे काम अपमानजनक लगते हैं।

इस संबंध में जापान से लौटे हुए एक युवा दोस्त के पास से सुना कि वहाँ पर हमें लेकर एक-दो मजे की बातें हुई हैं। उन लोगों के अनुग्रह को अपवाद न मान करके वहाँ पत्नियों के लिए जूट के कपड़े और चूड़ी आदि का संग्रह नहीं होता है। अब बंगाली बाबुओं को उन लोगों की हुंकार के बाद भार-ग्रहण करना होता है। इतने दिन तक तुम यूरोप की उपेक्षा सहने में सक्षम हुए हो, अब एशिया के लिए भी यह हास्यास्पद हो चला है! अपनी दुर्बलता का संपूर्ण रूप में त्याग करे बिना, किसी दिन क्या उद्योग की सार्थकता का लाभ कर पाएँगे?

मानसिक शक्ति का विकास

उद्योग के विकास के लिए और एक रुकावट यह है कि विदेश से शिक्षा लेकर ठीक उस तरह के कारखाने को इस देश में अलग-अलग तरीके की परिस्थिति में परिचालित करने में वे सफल नहीं होते। बहुत कठिनाइयों और बहुत सालों के बाद अगर वे किसी भी तरह दक्ष हो जाते हैं, तब उस दिन तक पहले चलती हुई प्रक्रियाओं में परिवर्तन होता है। दूसरे की नकल करने से हमेशा ही ऐसी असफलताओं का सामना करना पड़ेगा। कभी भी क्या हमारे देश में असल वैज्ञानिकों की संख्या नहीं बढ़ेगी, जोकि केवल सुनकर चलनेवाले न होकर खुद की सोच से खोज और आविष्कार कर सकेंगे?

अगर भारत को हरा-भरा रखना चाहते हो तो उसकी मानसिक शक्ति को अपराजेय रखना होगा। भारत के समकक्ष प्रतियोगियों की बहुत ही प्राचीन जाति इस धरती से विलुप्त हो चुकी है। विनाश की प्रक्रिया में शरीर मिट्टी में मिलने के बाद भी जाति की आशा और चिंता नष्ट नहीं होती। मानसिक शक्ति के विनाश से ही असल मृत्यु है, वह आशाहीन और चिरंतन है।

हम तभी तक जीवित थे, जब हमारी चिंता और ज्ञान शक्ति भारत की सीमा उल्लंघन करके देश-विदेश में व्याप्त थी। विदेश से ज्ञान लेने में तब हमें हीनता स्वीकार नहीं करनी होती थी। अब वैसे दिन चले गए हैं, अभी हम सिर्फ दूसरे की तरफ देखते हैं। जगत् में भिखारियों के लिए जगह नहीं है। कितने समय तक यह अपमान सहन करेंगे? तुम्हें क्या कभी भी देने की शक्ति नहीं आएगी? सोचकर देखो कि एक समय देश-विदेश से संसार की बहुत सी जातियाँ तुम्हारे

पास शिष्य भाव से आती थीं। तक्षशिला, काँची और नालंदा की बात भूल गए हो? विक्रमपुर में शिक्षा की एक पीठ स्थान था, यह याद नहीं? भारत का दान किनारे रखकर संसार का ज्ञान अधूरा रहेगा, हाल में ही यह स्वीकार किया गया है। यह भगवान् की करुणा कहकर ही मानना पड़ेगा, यह भाग्य सनातन हो, यह क्या तुम्हारा उद्‌देश्य नहीं है? तब कहा हैं वे प्रयोगशालाएँ, वे शिष्य? यह सब आशाएँ क्या केवल स्वप्न बनकर ही रह जाएँगी? मैं निश्चय करके ही यह बोल सकता हूँ कि कोशिश के बल पर असंभव भी संभव हो जाता है, यह मैंने जीवन में बार-बार देखा है। आज अनपढ़ हिंदू शिरोमणि केवल विश्वास के बल पर ही अनेक देवों के मंदिरों की स्थापना कर रहे हैं। ज्ञान के मंदिरों की स्थापना क्या इतनी असंभव है?

मुट्‌ठी भर भीख की वजह से भारत के तमाम स्थानों पर बौद्ध विहार स्थापित किए गए हैं। अज्ञान ही भेदभाव की सृष्टि का मूल कारण है और तुममें-मुझमें कोई असमानता नहीं है, इसका सिर्फ भारत ने साधना के द्वारा लाभ किया है। हमारी इस विशाल एकता का ज्ञान और सेवा के द्वारा संसार को क्या पुनः पल्लवित नहीं करोगे?

डर लग रहा है कि पूरा जीवन देकर भी एक उद्‌देश्य का लाभ नहीं कर पाओगे? तुममें क्या थोड़ा भी साहस नहीं है? शतरंज का खिलाड़ी भी साहस के साथ सारे जीवन के धन को बाजी पर लगाकर एक बार में पासा फेंकता है। तुम अपना जीवन क्या इस महाखेल के लिए नहीं छोड़ पाओगे? या तो जीत होगी या पराजय?

विफलता

अगर पराजित भी होते हो, अगर तुम्हारी कोशिश भी विफल होती है तो भी क्या? तब एक विफल जीवन की दास्तान सुनो—

यह पचास साल पहले की बात है। जिनके बारे में बात कर रहा हूँ, उन्होंने कई साल पहले खुद की आँखों से एक देखा-समझा था—उद्योग, वाणिज्य और कृषि को बेहतर बनाने के अलावा देश के पास कोई और चारा नहीं है। देश में कपड़े बनाने का कारखाना तभी पहली बार स्थापित किया, उसके लिए लगभग

जीवन की सारी कमाई उन्होंने लगा दी थी। जो पथ के अग्रगामी होते हैं, उनसे जो गलतियाँ होती हैं, उनसे भी यही हुआ था। नए विविध उद्‌देश्यों में बहुत क्षतिग्रस्त होते हैं। किसानों की सुविधा के लिए उनके देखरेख में ही फरीदपुर में पहला ऋण (लोन) दफ्तर स्थापित हुआ था। यहाँ उसका पूरा स्वामित्व दूसरे किसी को दे दिया था। अभी उसमें सौ गुना मुनाफा है। उनके प्रयत्न से ही कृषि और उद्योग की उन्नति के लिए फरीदपुर मेला स्थापित हुआ था। उन्होंने ही असम में चाय के बागान स्थापित किए थे। उसमें भी उनका बहुत नुकसान हुआ था, लेकिन उनके शेयर होल्डर सहभागियों को अभी कई गुना लाभ हो रहा था। उन्होंने ही पहली बार खुद के पैसे से तकनीकी स्कूल की स्थापना की थी और उसके परिचालन में दिवालिया हो गए थे। वे जीवन के अंतिम भाग में देख पाए कि सारे जीवन की कोशिश असफल हो गई। शायद यह बात उनके खुद के जीवन में उपयुक्त हो सकती है, लेकिन उस असफलता की वजह से बहुत लोगों के जीवन सफल हो गए। मैं अपने पिता भगवान चंद्र बासु की बात कर रहा था। उनका जीवन देखकर सीखा था कि सफलता छोटी होती है और असफलता बड़ी। इस तरह जब से फल और असफलता के बीच अंत भूल जाना सीखा, तब से ही मेरी असली शिक्षा शुरू हुई। अगर मेरे जीवन में कोई सफलता हुई है, तब वह असफलता के आधार के ऊपर ही स्थापित हुई है।

हे बंगालवासियो! वर्तमान खराब दिनों के बारे में बात अभी सोचकर देखो। तुम क्या भूल गए हो कि विशाल महासागर और हिमालय तुम लोगों को समग्र विश्व से अलग नहीं रख सकता? तुम क्या नहीं समझ पा रहे हो कि महामानव की शक्तियाँ और ज्ञान पराक्रांत जाति से प्रतियोगिता में कठिन संघर्ष में तुम्हें झोंका गया है? तुम क्या अपनी कमजोर शक्तियों और जीवन लेकर जाति के जीवन का विचार हमेशा के लिए प्रवाहित करते रहे हो? तुम क्या नहीं जानते कि मातृभूमि इस तरह पाप का बोझ वहन करने में सक्षम नहीं है, मातृभूमि की भी उस तरह के जीवों का भार सहने में रुचि नहीं है। प्रकृति माँ के इस आपात क्रूर/ निर्मम व्यवहार से ही इसके स्नेह की पराकाष्ठा व्यक्त होती है। रुग्ण और दुर्बल कितने दिन तक जीवन का कष्ट सह पाएगा? विनाश में ही उसकी शांति, विनाश में ही उसका परिणाम है। आसिरिया, बेलीलोन, मिस्त्र जैसी जगहों का धरती से

विनाश हो गया। तुम्हारे पास क्या है, जिसके बल पर तुम संसार में अमर होने की ख्वाहिश रखते हो? लगता है कि पूर्वजों के कमाए हुए पुण्य भी कुछ परिणामों में संचित हैं, उन पुण्यों के बल पर ही विधाता ने तुम्हारे अवसन्न दिमाग से उनका अमोघ वज्र संहत करके रखा हुआ है।

इस देश में अभी भगवान् तथागत के मंदिर और विहार के टूटे हुए अवशेष जगह-जगह मिलते हैं। जब भगवान् बुद्धदेव के सामने बहुत तपस्या से पाया हुआ आकाश का द्वार खुला, तब बहुत दूर के संसार में जनमे जीव के दुःख में रोने की आवाज उनके कानों में प्रवेश हुई। सिद्ध पुरुष ने तब अपनी कठिन तपस्या से मिली मुक्ति को अस्वीकार कर दिया। जब तक विश्व में अंतिम धूल के कण कष्ट के चक्र में पिसते रहेंगे, तब तक बहुत युगों तक वे अपने कष्ट का बोझ खुद ही उठाएँगे। कहते हैं, पाँच सौ जन्म की परंपरा में अच्छी स्थितिवाले जीव के असहनीय कष्ट का बोझ उठाया था। इस तरह युग में देव समान महापुरुषगण मनुष्य के क्लेश का बोझ उठाने के लिए प्रकट हुए हैं। ऐसे लोग क्या हमेशा के लिए विलुप्त हो गए हैं? आदमी के दुःख को विछिन्न करने के लिए ईश्वर की लीला भूमिवाले इस देश में क्या वैसे महापुरुष फिर से प्रकट नहीं होंगे? पूर्वजों के जन्मों में किए गए पुण्यफल और देवताओं के आशीर्वाद से हम क्या हमेशा के लिए वंचित हुए हैं? जब रात का अँधेरा सब जगह गहरा जाता है, तब से ही सुबह सूचना आनी शुरू हो जाती है। अँधेरे का परदा तोड़ने से ही प्रकाश आता है। किस आवरण में हमारा जीवन अंधकारपूर्ण और असफल हुआ है? आलस्य, स्वार्थ, जलन में! तोड़ दो यह अँधेरे का आवरण। तुम्हारे अंतर्निहित प्रकाश-पुंज का उदय होकर चारों दिशाओं को रोशन करे!

(विक्रमपुर सम्मेलन में सभापति का अधिवेशन-1915)

सोचना और करना

पहले एक मासिक पत्रिका में पौधों के जीवन को लेकर एक लेख लिखा था, उसमें कहा था, "पौधों का जीवन मानव जीवन की परछाईं मात्र है।" यह लेख लिखने में एक घंटे से ज्यादा का समय नहीं लगा था। लेकिन उस विषय का थोड़ा सा भाग भी साबित करने में सालों लग गए हैं। बहुत छोटी बात को फलीभूत करने में कोशिश, एकाग्रता, मेहनत और अनेक कारखानों की जरूरत होती है। लेकिन मन कोई बंधन नहीं मानता। अनुशासनहीन चिंता पल भर में ही स्वर्ग, दुनिया और पाताल घूमकर आ जाती है, पल भर में ही खुद सोचे हुए सत्य से झूठ, झूठ से नए राज्य को तैयार करता है और उस राज्य की स्थापना में अगर कोई रुकावट डालता है, तब मनुष्य विनाशहीन सैन्य और अग्निबाण चलाकर विपक्ष का नाश करके एकाधिकार स्थापित करता है।

लेकिन कार्य जगत् की परंपराओं का स्वरूप अलग है; यहाँ पग-पग पर बाधा है। सारे जीवन में कोशिशों के बावजूद खुद के जीवन पर अपना शासन नहीं कर पाया, यह जानकर भी खुद का कर्तव्य भूलकर दूसरे का कर्तव्य निर्धारण करने की वासना दूर नहीं होती। कठिन रास्ता छोड़कर जो रास्ता आसान और बातों से ही खत्म हो जाता है, उस दिशा में इच्छा भी अपने आप भागती है।

मनन और करण इन दोनों में कितना अंतर है। कार्य की गति घोंघे की गति से भी धीमी है। कर्म राज्य के कठिन पथ पर मन आसानी से नहीं चलना चाहता। इसमें रास्ता दिखानेवालों के कमी नहीं है। लेकिन रास्ते का यात्री कहाँ है ? इस सपनों के बाजार में—

"सारे व्यापारी हैं यहाँ, खरीदनेवाला कोई भी नहीं।"

बंग माता को और ऊँचाई पर स्थापित करने की ख्वाहिश सबकी है। लेकिन उसका उपाय खोजने का रास्ता खुद स्वीकार न करके एक-दूसरे की तरफ देखने से कोई फायदा नहीं होगा, यह बात बोलने की जरूरत नहीं है। इस उद्देश्य से मुख्यतः बंग संतान के विभिन्न क्षेत्रों में उपलब्धियाँ और उनका आत्मसम्मानबोध जगाना आवश्यक है, किंतु हम यह बात अकसर भूल जाते हैं। कर्मक्षेत्र में कोई और क्या पथ अवलंबन करेगा, इसके संबंध में सिर्फ वार्त्तालाप करते हैं। कोई दुःख प्रकट करता है, बंग की दो-एक कीर्ति संतान (सिर्फ न के बराबर) ने यहाँ की माया से असली पथ को त्याग दिया है। उस माया से ही बंगाली वैज्ञानिकों का खुद का आविष्कार विदेशी भाषा में छपने के स्वार्थ पर नियंत्रण नहीं कर पाया। अगर यह सब सिद्धांत सिर्फ बंगाली में प्रकाशित होते तो विदेशी अमूल्य सत्य की खोज में इस देश में आकर बांग्ला भाषा जानने के लिए मजबूर होते और पश्चिम, पूर्व के समक्ष पश्चिम नतमस्तक होता।

अंग्रेजी भाषा में वैज्ञानिक लेख प्रकाशित करने के बारे में इतना बोलना काफी रहेगा, मेरे जितने आविष्कार हाल में ही विदेश में स्थापित हुए हैं, वे सब पहले मातृ भाषा में प्रकाशित हुए और साबित करने के लिए जनता के सामने इस देश में प्रदर्शित हुए, लेकिन मेरा एकांत दुर्भाग्य है कि इस देश के विद्वान् लोगों के पास काफी दिनों तक वह स्थापित करने में समर्थ नहीं हो पाया। हमारे स्वदेशी विश्वविद्यालय भी विदेश का हॉलमार्क नहीं देखने से किसी सत्य की मूल उपलब्धि के बारे में बहुत संशय करते हैं। बंगाल में आविष्कार हुआ, बंगाल में लिखित सिद्धांत जब बंगाली विद्वानों के समक्ष उपस्थित हुआ था तो विदेशी गोताखोर इस देश में आकर नदी के गर्भ से इस फेंके हुए कचरे के बीच से कितनी मणि बचाकर निकालने की कोशिश करेंगे, यह सिर्फ एक दुराशा मात्र है।

इस प्रकार संपूर्ण बाधा की बात बोली है, इस सबका एक ही अभिप्राय है, वह इतने दिनों में समझ आया है, सत्य की सम्यक् प्रतिष्ठा प्रतिकूलता में बढ़ती है, और अनुकूलता में प्रश्रय सत्य को दुर्बल करता है। वैज्ञानिक सत्य के अश्वमेध यज्ञ में घोड़े की तरह सभी शत्रु राज्यों के बीच होकर के विजय करके आने तक यज्ञ खत्म नहीं होता। इसी कारण से मैं इस सत्य अन्वेषण की साधना करता चला गया, इसके लिए गौरव करने का कर्तव्य मन में लाया ही नहीं, सत्य

को विजयी करना मेरा लक्ष्य रहा है। आजकल वैज्ञानिक सत्य संबंधी विवादों का युद्धक्षेत्र पश्चिम में प्रसारित है। पूर्व के युद्धक्षेत्र में बंगालियों का यह रूप बदनाम था, विज्ञानक्षेत्र में भी भारतवासियों की निंदा ही होती थी। इसी के विरुद्ध जूझकर मैं बारंबार हारा हूँ। मन में आता था, इस जीवन की व्यर्थता ही मेरी साधना का परिणाम होगी, किंतु घोरतम निराशा के बीच में मैंने हार स्वीकार नहीं की। तीसरी बार पश्चिमी समुद्र को पार किया और भगवान् के आशीर्वाद से सफलता मिली। इस लंबे परिणाम में जो विजय की मालाएँ पहनाई गईं, उन्हें राष्ट्र-लक्ष्मी के चरणों में निवेदन करता हूँ।

सच है, हमारे पूर्वज लोग जिन सिद्धांतों को रख गए हैं, वह दो-चार विदेशियों ने बहुत कष्ट करके सीखकर समझने की कोशिश की है। इस कारण से पश्चिम ने वर्तमान युग के पूर्व के सामने मस्तक झुकाया है, इस प्रकार से कोई लक्षण देखे नहीं हैं। ग्रीक और यूरोपीय सत्यता, प्राचीन मिस्र सभ्यता के पास बहुत विश्वसनीय हैं, लेकिन मिस्र जाति के वंशज आज संपूर्ण संसार में घृणा के पात्र हैं। हे वेद-उपनिषदों के रचयिताओं के वंशज, हे भारतीय, आज तुम्हारा स्थान कहाँ है?

हे आलस्यलीन, तुम्हारा दिवास्वप्न कभी टूटेगा कि नहीं? तुम्हारी पण्यद्रव्य (धन-धान्य) सिर्फ चमकता हुआ पत्थर है (सोना नहीं) या काँच है, सोना और हीरा बोलकर सोचा था, उसे बेचोगे और कल्पनाशीलता से खुद को धनी मानकर भाग्य-लक्ष्मी के पैरों पर कुल्हाड़ी मार ली। दर्शकों के द्वारा किया गया उपहास क्या इतने कम दिनों में भूल गए? क्या बोल रहे हो? तुम्हारे पूर्वज धनी थे, वे पुष्पक विमान में घूमते थे। मूर्ख! तब कैसे वह सारी संपदा खो गई? एक बार देखो! दूर में जो सफेद पर्वत देख रहे हो, वह कंकालों से निर्मित है। तुम जिसको चमकता हुआ कहकर मान रहे हो, वह असल में आग है। देखो, कौन वह अस्थि निर्मित सीढ़ियों पर चढ़कर पर्वत की चोटी तक पहुँचा है और शून्य में कूदकर नीले आकाश में अपना अधिकार स्थापित किया है। उड़नेवाला पक्षी मानकर जिसके बारे में सोचा है, वह धीरे-धीरे बादलों के पीछे छुप गया। आश्चर्यचकित होकर तुम ऊपर देखो। उसने अचानक बादलों के राज्य से निकल आग बनकर पृथ्वी को चारों दिशाओं में चीर दिया है। तुम कहाँ-कहाँ भागोगे? गड्ढे में प्रवेश

करने से भी छुटकारा नहीं है। विषैली गैस की वजह से तुम्हें उस जगह से भी बाहर आना पड़ेगा।

हमने बातों के प्रीति-बंधन के जिस जाल का विस्तार किया है, उस जाल में हम खुद ही अटक गए हैं। उस जाल को काटकर बाहर आना पड़ेगा। मातृदेवी को बेकार ही सभास्थल में लाकर उनकी और अवमानना मत करो। हृदय के मंदिर में उनकी असली जगह है, जीवन का बलिदान ही उसकी पूजा का उपकरण है।

□

रानी संदर्शन

एक दिन सामने के मोड़ पर देखा, एक भिखारी बहुत हाथ-मुँह बनाकर चलता हुआ लोगों की दयालुता को जगाने की कोशिश कर रहा है। लोग एक बार में ही धोखा खा जा रहे हैं; धोखा देकर सबको ठग लेता देखकर मुझे गुस्सा आया। इस समय वहाँ से एक महिला गुजर रही थी, उसने एक फटी साड़ी पहनी हुई थी। भिखारी की रोने की आवाज सुनकर वह रुकी और उसकी तरफ दयालुता से देखा। उसके आँचल में मात्र एक ही पैसा बँधा था, शायद वही उसका समस्त धन था। बिना कुछ बोले वह भिखारी को पैसे देकर चली गई। उस दिन ही मेरा असली रानी-दर्शन हुआ। माँ के रूप में जगत् का उद्धार करनेवाली रानी! इसीलिए तो बिना उम्र का लिहाज किए, छोटी लड़की से लेकर बूढ़ी महिला तक को हम माँ कहकर संबोधित करते हैं।

बाघिनी/शेरनी मात्र स्नेह में ममतामयी होती है। एक बार 10-12 साल के एक लड़के को देखा था। बचपन में बाघिनी उसको ले गई थी। वह भूखा बच्चा बाघिनी का दूध पीने की कोशिश कर रहा था। उसमें ही उसकी प्राण रक्षा हुई। उस बच्चे को उस बाघिनी ने अपने बच्चे की तरह पाला था, लेकिन बच्चे की प्राण रक्षा के लिए वह अलग रूप में युद्ध करते हुए मरी थी। मातृस्नेह में दो रूप दिखते हैं, दोनों ही किसी एक स्वतंत्र की रक्षा के लिए हैं। एक ममतामयी, करुणामयी और दूसरा संहार रूपिणी शक्तिमयी।

नारी के हृदय में जो संतान स्नेह आता है, वह समस्त संतानजन को सुरक्षित रखेगा, इसमें कोई आश्चर्य नहीं है। ऐसी नारी सच में अभिमानिनी होती है, प्रियजन का अपमान और लांछन उसके हृदय को अंदर से कुरेदता है। हे

अभिमानिनी रमणी, सोचकर देखा है क्या, तुम जिसके गौरव में गर्वित हो, इस जगत् में उसका स्थान कहाँ है? पृथ्वी से शांति पलायन कर गई है। सामने बहुत खराब दिन हैं। जिसके ऊपर तुम निर्भर हो, वह इन खराब दिनों में भयंकर लांछनों से तुम्हारी रक्षा कर सकेगा? बातों के अलावा उसका कोई अस्त्र नहीं है। कौन उसकी बाहु सबल करेगा? हृदय की शक्ति को ऊर्जावान रखेगा और मृत्यु का डर दूर करेगा? यह सब तो माँ की कोख से सीखा जाता है। क्या यही तुम्हारी दीक्षा है, जिससे तुम संतान को मनुष्य बनाओगी? कष्ट-साधना अथवा विलासिता—इसमें से कौन सा रास्ता तुम ग्रहण करोगी? रानी होकर जनमी हो, क्या तुम दासी होकर मरोगी?

□

निवेदन

बाईस साल पहले जो स्मरणीय घटना घटी थी, उसमें एक देवता के करुण जीवन को विशेष रूप में महसूस किया था। उस दिन जो देखा था, वह इतने दिन बाद देवचरणों में निवेदन करता हूँ। आज जो स्थापित किया है, वह मंदिर है, सिर्फ प्रयोगशाला नहीं है, इंद्रियों को समझ आनेवाला जो सत्य है, वह परीक्षा द्वारा निर्धारित होता है। लेकिन इंद्रियों से परे भी दो-एक महासत्य हैं, उनका लाभ करने के लिए विश्वास का सहारा लेना पड़ता है।

वैज्ञानिक सत्य की परीक्षा से प्रतिपन्न होता है। उसके लिए बहुत साधना की जरूरत है। जो कल्पना के राज्य में था, वह इंद्रिय से देखना संभव है। जो आँख से अदृश्य था, उसको आँखों से देखना जरूरी है। शरीर के द्वारा निर्मित इंद्रियाँ जब परास्त होती हैं, तब धातु निर्मित अतींद्रिय का सहारा लेता पड़ता है। जो जगत् कुछ समय पहले मौन और अंधकार से भरा था, अभी वह गहरा, गंभीर, निर्घोष और दु:सह उजाले में अभिभूत हो जाता है।

यह सब एक बार में इंद्रिय-ग्राह्य नहीं होने से मनुष्य निर्मित कृत्रिम इंद्रियों द्वारा समझ आ सकता है; लेकिन और भी बहुत घटनाएँ हैं, जो उन इंद्रियों से बाहर हैं। वे सिर्फ विश्वास बल से ही लाभ की जा सकती हैं। विश्वास की सत्यता के संबंध में भी परीक्षाएँ हैं, विश्वास एक-दो घटनाओं की वजह से नहीं होता, उसकी असल परीक्षा करने के लिए पूरी जीवव्यापी साधना आवश्यक है। उस सत्य की प्रतिष्ठा के लिए यह मंदिर बनाया है।

क्या है यह महासत्य, जिसके लिए इस मंदिर की स्थापना की है? वह यह है कि मनुष्य जब उसके जीवन और साधना के साथ किसी उद्‌देश्य के लिए

निवेदन कर देता है, वह उद्देश्य कभी विफल नहीं होता। तब असंभव भी संभव होता है। साधारण लोगों का साधुवाद सुनना आज मेरा उद्देश्य नहीं है। जिन्होंने कर्मसागर में छलाँग लगा दी है और प्रतिकूल लहरों के आक्रमण में मृतकल्प होकर परिस्थिति के सामने पराजय स्वीकार करने की ओर बढ़ रहे हैं, मेरी बात विशेष रूप से उनके लिए है।

परीक्षा

जिस परीक्षा के बारे में बोलूँगा, उसको संपूर्ण करने में दो जीवन लगे हैं। जैसे एक छोटे पेड़ की परीक्षा के समय पादपजीवन के असली सत्यों की खोज हुई है, वैसे एक मनुष्य जीवन के विश्वास के परिणाम से विश्वास के राज्य के सत्य स्थापित हुए हैं। इसलिए खुद के जीवन में सत्य, जोकि परीक्षण के द्वारा ही परखे गए हैं, उनके संबंध में जो दो-चार बातें बोलूँगा, वे व्यक्तिगत बातें भूलकर स्वीकार करिएगा। परीक्षा के प्रारंभ में पितृदेव स्वर्गीय भगवान चंद्र बसु को लेकर लगभग पचास साल पहले की बात है। उनके निकट मेरी शिक्षा-दीक्षा हुई। उन्होंने सिखाया था कि किसी के ऊपर शासन करने की अपेक्षा खुद के जीवन पर शासन करना श्रेयस्कर है। उन्होंने विभिन्न प्रकार के जनहितकर कामों में अपना जीवन लगा दिया था। शिक्षा, उद्योग, वाणिज्य की उन्नति के लिए उन्होंने संपूर्ण चेष्टा और सर्वस्व न्योछावर कर दिया था। उनकी सारी कोशिशें असफल हुईं। सुख-संपदा की कोमल शैया से उनको दरिद्रता का लांछन भोगना पड़ा। सब बोलते थे, उन्होंने अपना जीवन असफल कर लिया है। इन घटनाओं से सफलता कितनी छोटी है और कौन-कौन सी विफलताएँ वृहद् हैं, यह सीखने को मिला था। परीक्षा का पहला अध्याय उसी समय लिखा गया था।

उसके बाद बत्तीस साल निकल गए। शिक्षण का काम स्वीकार कर लिया। विज्ञान के इतिहास के बारे में बोलने के लिए मुझे बहुत से महान् देशवासियों के नाम याद कराने होते थे। लेकिन उसमें भारत का क्या स्थान है ? शिक्षा और अन्य कार्य में जो भी कहा गया है, उन्हीं सब बातों को सिखाना पड़ता। भारतवासी सिर्फ भावुक और सपनों से जुड़े हैं, अनुसंधान कार्य किसी भी समय उनका नहीं है, यही एक कहानी हर रोज सुनता आया था। इस देश में विदेशों की तरह

बेहतर प्रयोगशालाएँ नहीं हैं, सूक्ष्म मशीनों का निर्माण भी इस देश में कभी नहीं होगा, इस तरह का विलाप करते हुए कितनी बार सुना है। अब मन होता है कि जिस इनसान ने पुरुषत्व खोया है, वह ऐसे ही शोक मनाता है। अवसाद दूर करना पड़ेगा, कमजोरी को त्यागना पड़ेगा। भारत ही हमारी कर्मभूमि है, सहज पंथ हमारे लिए नहीं है, 23 साल पहले आज की यही बात याद करके एक आदमी ने अपना खुद का पूरा मन, पूरे प्राण और साधना भविष्य के लिए निवेदित किया था। उसके पास धन-बल कुछ भी नहीं था, पथ-प्रदर्शक भी कोई नहीं था। बहुत साल तक उसको हर दिन प्रतिकूल परिस्थिति से जूझना पड़ा था। इतने दिन बाद उसका निवेदन सार्थक हुआ है।

जय-पराजय

23 साल पहले आज के दिन में जो आशा लेकर काम शुरू किया था, देवता की करुणा में तीन महीने के अंदर उसका पहला परिणाम आ गया था। जर्मनी में सम्माननीय हट्र्ज ने इलेक्ट्रिक तरंगों को लेकर जो कठिन काम शुरू किया था, उसका बहुत विस्तार और परिणति यहीं संभव हुई थी। लेकिन इस देश की एक प्रसिद्ध सभा में जब मैंने अपने अनुसंधान का समाचार बताया, तब सभा में उपस्थित किसी भी सदस्य ने काम के बारे में एक भी विचार प्रकट नहीं किया। समझ आया, भारतीयों वैज्ञानिक की उपलब्धि को लेकर उन्हें बहुत संदेह है। अतः मैंने अपना द्वितीय आविष्कार वर्तमान के सबसे बड़े भौतिकविद् के पास भेजा। आज बाईस साल बाद उसका उत्तर मिला, उसमें जानने को मिला कि मेरा आविष्कार रॉयल सोसाइटी द्वारा प्रकाशित होगा और मेरी यह खोज भविष्य में वैज्ञानिक प्रगति के लिए सहायक होगी, इसलिए संसद् से मिलनेवाली फेलोशिप मेरे शोधकार्य में इस्तेमाल होगी। उस दिन भारत के सामने जो द्वार बंद था, वह खुल गया और कोई उस द्वार को खुलने से नहीं रोक पाएगा। उस दिन जिस अग्नि का प्रज्वलन हुआ था, जो कभी नहीं बुझेगी।

इस उम्मीद के भरोसे ही मैं साल-दर-साल अथक मन और शरीर के साथ कार्यक्षेत्र में जाता था। लेकिन मनुष्य की असली परीक्षा एक दिन में नहीं होती, सारा जीवन उसको आशा और निराशा के बीच से जाकर बार-बार परीक्षा में

शामिल होना पड़ता है। जब मेरी वैज्ञानिक प्रसिद्धि आशा से भी ऊँचे स्थान पर पहुँच गई, तभी जीवन की सारी उपलब्धि असफल हुई थी।

तब बेतार से सूचना भेजने के यंत्र को लेकर परीक्षण कर रहा था, देखा कि मशीन की प्रतिक्रिया अचानक से बंद हो गई। मनुष्य के कष्ट लेखन से उसकी शारीरिक कमजोरियाँ और दुःख जैसे अनुमान किए जा सकते हैं, मशीन की प्रतिक्रिया में वैसा पैटर्न देखा और यह भी आश्चर्य की बात है कि विश्राम के बाद मशीन की क्लांति दूर हो गई तथा फिर से वह प्रतिक्रिया देने लगी। उत्तेजक के प्रयोग करने से मशीन की प्रतिक्रिया करने की क्षमता बढ़ गई थी और जहर के प्रयोग से उसकी प्रतिक्रिया एक बार खत्म हो गई। जो प्रतिक्रिया करने की शक्ति जीवन का एक मुख्य हस्ताक्षर है, निर्जीव में भी उसका संकेत देख पाया। यह अचरजपूर्ण घटना, मैं रॉयल सोसाइटी के सामने प्रयोगों द्वारा सिद्ध करने में सफल हुआ; लेकिन दुर्भाग्य से यह प्रचलित सिद्धांत के विरुद्ध है, इसलिए शरीर-क्रियाविज्ञान के दो-चार वैज्ञानिक इससे खीझ गए। उसके ऊपर मेरा खुद एक भौतिकविद् होते हुए अपनी सीमाएँ लाँघकर नए जीवविज्ञान की सीमाओं के अंदर घुसने की अनधिकृत कोशिश करना रीतिविरुद्ध बोलकर विवेचित किया गया। उसके बाद दो-एक बुरी घटनाएँ घटी थीं; जो लोग मेरे विरुद्ध थे, उसमें से ही एक ने बाद में मेरा आविष्कार खुद का बोलकर प्रकाशित किया। इस बारे में मेरा ज्यादा बोलना जरूरी नहीं है। इसके फलस्वरूप बहुत सालों का मेरा काम एकदम बेकार हो गया था। इतने समय एक भी दिन बादलों को चीरकर एक भी बार सूरज की किरणें नहीं देख पाया। यह सब यादें बहुत क्लेशकर हैं और बोलने की कोई जरूरत नहीं है, अगर कोई किसी के बारे में काम में जीवन उत्सर्ग करने के लिए बढ़ता है और वह फल की आशा में निरपेक्ष रहे। अगर वह अनंत धैर्यवान है, सिर्फ तभी किसी दिन विश्वास की आँखों में देख पाओगे, बार-बार पराजित होकर भी जो दूसरों के ऊपर निर्भर नहीं हुआ, वह एक दिन विजेता बनेगा।

पृथ्वी पर्यटन

भाग्य और कर्म का चक्र हमेशा घूम रहा है, उसका नियम-उत्थान, पतन और पुनरुत्थान। बारह साल से चला आ रहा भयंकर खराब समय जो मुझे

हतोत्साहित करके भी पूरे तरीके से पराजित नहीं कर पाया, वह दुर्योग एक दिन अविश्वसनीय तरीके से कट गया। मेरे नए आविष्कार का प्रचार करने के लिए भारत सरकार ने सन् 1914 में मुझे विश्व भ्रमण पर भेजा। उस उपलक्ष्य में ऑक्सफोर्ड, लंदन, कैंब्रिज, पेरिस, वियना, हार्वर्ड, न्यूयॉर्क, वाशिंगटन, फिलाडेल्फिया, शिकागो, कैलिफोर्निया, टोक्यो आदि जगह में परीक्षणों का प्रदर्शन किया। इन स्थानों पर फूलमालाएँ लेकर किसी ने मेरा इंतजार नहीं किया। इसके विपरीत कुछ विरोधी मेरी गलतियाँ पकड़ने के लिए एक साथ उपस्थित होते थे। तब मैं संपूर्ण रूप से अकेला होता था; सहायता के लिए केवल उपस्थित होती, भारत की भाग्यलक्ष्मी। इस गैर-बराबरी के संग्राम में भारत की जय हुई और जो मेरे विरोधी थे, वे बाद में मेरे परम मित्र हुए।

वीर-नीति

पादप विज्ञान की वर्तमान असीम प्रगति लिपजिग, जर्मनी के प्रोफेसर फेरार की पचास सालों की महान् उपलब्धि का फल है। मेरे कुछ आविष्कार फेरार के सिद्धांतों के विरुद्ध हैं। इनसे उनमें असंतोष उत्पन्न हुआ, यह सोचकर मैंने लिपजिग न जाकर वियना विश्वविद्यालय के निमंत्रण को स्वीकार किया था। वहाँ प्रोफेसर फेरार ने अपने सहयोगी प्रोफेसर को मुझे स्वयं निमंत्रित करने के लिए भेजा था। उन्होंने यह बोलकर भेजा था कि मेरे स्थापित सिद्धांत उनके जीवन के साँझ के समय में उनके पास पहुँचे हैं, उनका दुःख यह था कि इस सत्य की परिणति वे इस जीवन काल में नहीं देखकर जा पाएँगे। जिससे दुश्मनी की आशंका की थी, उसी ने मित्र रूप में मुझे स्वीकार किया था। यह तो हमेशा की वीर-नीति है, जो अपनी हार में भी सत्य की विजय देखकर खुशी में उत्साहित होता है। तीन हजार साल पहले यह वीर धर्म कुरुक्षेत्र में प्रचारित हुआ था। अग्निबाण ने जब भीष्म के मर्म स्थान को भेदा था, तब वे खुशी से बोल उठे थे, मेरा शिक्षा देना सार्थक हुआ! यह बाण शिखंडी का नहीं, यह बाण मेरे प्रिय शिष्य अर्जुन का है।

विश्व-भ्रमण और खुद के जीवन के परीक्षण से समझा है कि नए सत्य का आविष्कार करने के लिए सारे जीवन की दृढ़ता और साधना की आवश्यकता

होती है। संसार में उसका प्रचार और भी मुश्किल होता है। इससे मेरा पहले लिया संकल्प और मजबूत हुआ है, बहुत समय से संग्राम के बाद भारत के विज्ञान के क्षेत्र में जो स्थान लेने में सफल हुआ है, वह हमेशा के लिए रहे। जो मेरे काम का अनुसरण करेंगे, उनका रास्ता कभी अवरुद्ध नहीं होगा।

विज्ञान के प्रचार में भारतीय स्थान

विज्ञान हर जगह में फैला हुआ है, लेकिन विज्ञान का कोई ऐसा स्थान है, जो भारत के साधकों को छोड़कर अधूरा रहेगा? वह जरूर है। वर्तमान में विज्ञान का प्रसार दूर-दूर तक हुआ है और पश्चिम में काम की आसानी के लिए वह बहुत भागों में बाँटा गया है और अलग-अलग शाखाओं में एक अभेद्य दीवार खड़ी हुई है। यह जगत् विचित्र और बहुरूपी है। इतनी विभिन्नता में कुछ साम्य भी है, वह किसी तरह समझ नहीं आता। सदैव चंचल प्राणी और हमेशा मौन में रहनेवाले पौधे के बीच कोई समानता नहीं दिखती। इस पौधे में ठीक एक ही कारण के लिए एक प्रतिक्रिया दिखती है, लेकिन इतनी विभिन्नता के बीच भी भारतीय विचार-प्रक्रिया एकता की खोज में दौड़कर निर्जीव पौधों और जानवरों के बीच पुल बनाती है। इससे भारतीय साधक कभी उनकी चिंता कल्पना की खुले हुए साम्राज्य में मुक्त होकर घूमते रहे हैं और अगले पल में ही उसको अपने अधीन लेकर आए हैं। आदेश के बल पर निर्जीव उँगलियों में प्राण संचार किया है और जिस स्थान पर मनुष्य की इंद्रियाँ हार गई हैं, वहाँ कृत्रिम इंद्रियों की स्थापना की है। उनके साथ असीम धैर्य का संबल करके अव्यक्त संसार के असीम रहस्य, परीक्षा प्रणाली में प्रतिष्ठा स्थिर करके साहस बँधाया था। जो आँखों से छुपा था, वह अब दिख रहा है। कृत्रिम आँखों की परीक्षा करके मनुष्य दृष्टि के एक आश्चर्यजनक नए रहस्य को खोजा है कि उसकी दो आँखें एक साथ जागी हुई नहीं रहतीं, आवर्ती रूप से एक के बाद एक सोती हैं, एक जागी रहती हैं। धातु की प्लेट में छुपी हुई स्मृति के अदृश्य संकेतों को प्रकाशित करके देखता हूँ। अदृश्य प्रकाश के द्वारा काले पत्थर के अंदर का निर्माण कार्य बाहर हुआ है। परमाण्विक संरचना घूर्णन करते विद्युत् तरंग से दिखाई है। पादप जीवन में मानव जीवन की परछाईं देखकर शांत जीवन की उत्तेजना मानव की अनुभूति

के अंदर ही है। पौधों की अदृश्य बुद्धि को मापा है और अलग-अलग आहार और व्यवहार में उसकी वृद्धि की मात्रा में परिवर्तन को पल-पल रिकॉर्ड किया है। मनुष्य स्पर्श से भी पौधे संकुचित होते हैं, वह साबित किया है। जो कारक मनुष्य को उत्तेजित करते हैं, जो नशे के मादक उसको अवसन्न करते हैं, जो विष मानव के प्राण लेते हैं, पौधों में भी उसका जैसे ही क्रिया प्रमाणित करने में सफल हुआ है। जहर से अवसन्न होकर मरते हुए पौधों को अलग-अलग जहर देकर फिर जिंदा किया है। पौधों की मांसपेशियों का स्पंदन रिकॉर्ड करके उसमें धड़कन का प्रतिबिंब देखा है। पौधों के शरीर में तंत्रिका का प्रवाह खोज करके उसकी गति मापी है। जिस कारण से मनुष्य की उत्तेजना बढ़ती या काम होती है, उसी कारण से पौधों की तंत्रिका का वेग भी उत्तेजित और विश्राम की स्थिति में होता है, यह भी साबित किया है। यह सब बातें कल्पना नहीं हैं। जो सभी खोजें मेरी प्रयोगशाला में पिछले 23 सालों से परीक्षण के बाद साबित हुई हैं, यह उन सबकी एक संक्षिप्त और अधूरी कहानी है। जो सब इन खोजों के बारे में बोला है, उसमें विभिन्न रास्तों से भौतिकी, पादप विज्ञान, शरीर क्रियाविज्ञान, यहाँ तक कि मनोविज्ञान को एक केंद्र में लाकर मिलाया है। विधाता अगर विज्ञान के किसी विशेष तीर्थ में भारतीय साधक के लिए स्थान देने का निर्देश करते हैं तो इस चार के संगम में ही उसका महातीर्थ होगा।

आशा और विश्वास

यह सब खोजें विज्ञान की विभिन्न शाखाओं को लेकर हैं। कोई-कोई यह मानता है कि इसके विकास से बहुत अनुप्रयोगिक/व्यावहारिक विद्या की उन्नति और संसार का भला होगा। जिस आशा और विश्वास से मैंने इस मंदिर की स्थापना की है, वह क्या एक जन के जीवन के साथ ही खत्म हो जाएगी? सिर्फ एक विषय के लिए प्रयोगशाला बनाने के लिए अपरिमित धन की आवश्यकता होती है और किसी बहुत विस्तृत बहुमुखी ज्ञान का विस्तार हमारे देश के लिए असंभव है। यह बात कोई भी विद्वान् मात्र बोलेगा। लेकिन मैंने असंभव विषय के उपलक्ष्य में सिर्फ विश्वास के बल पर सारा जीवन चलाया है, यह उसमें ही मुख्य है। 'नहीं हो पाएगा' बोलकर कभी मुँह नहीं फेरा, अभी भी नहीं फेरूँगा।

जो मेरा खुद का मानना था, वह इस कार्य में ही नियोग करूँगा। खाली हाथों से आया था, खाली हाथों के साथ ही चला जाऊँगा। इसके बीच अगर कुछ सृजन होता है, वह देवता का प्रसाद मान लूँगा। कोई भी जन कार्य में अगर अपना सबकुछ नियोग करता है तो उसके साथ मैं दुःख और पराजय के बीच भी बहुत दिन तक अटल रहता हूँ। विधाता की करुणा से एक दिन भी वंचित नहीं हुआ।

जब मेरी वैज्ञानिक उपलब्धि पर बहुत लोगों ने संशय किया था, तब दो-एक लोगों के विश्वास ने मुझे घेरे रखा था। आज वे लोग मृत्यु की दूसरी तरफ हैं।

आशंका होती है कि मात्र भविष्य के अनिश्चित विधान के ऊपर ही इस मंदिर का स्थायित्व निर्भर करेगा। कुछ और हुआ है—समझ आया है, जिस आशा में मैंने कार्य शुरू किया था, उसके आह्वान ने भारत के सुदूर स्थान में भी हृदय स्पर्श किया है। यह सब देखकर लगता है, मैंने जो बड़ा संकल्प किया था, उसकी परिणति एकदम असंभव नहीं है। जीवित रहने से शायद देख पाऊँगा, इस मंदिर का सूना आँगन देश-विदेश से आए हुए यात्रियों से भर गया है।

आविष्कार और प्रचार

वैज्ञानिक अनुशीलन की दो दिशाएँ हैं। नए सिद्धांतों का आविष्कार, यही मंदिर का मूल उद्देश्य है। उसके बाद जगत् में उस नए सिद्धांत का प्रचार। उसके लिए ही इस बड़े सभागार का निर्माण हुआ है। वैज्ञानिक भाषणों और उनके परीक्षणों के लिए ऐसा घर शायद कहीं नहीं बनाया गया है। पंद्रह सौ लोगों का यहाँ समावेश हो सकता है। यहाँ कोई बहुत चर्चित सिद्धांत की पुनरावृत्ति नहीं होगी। विज्ञान संबंधित इस मंदिर में जो आविष्कार हुए हैं, वे सब नए सत्य यहाँ परीक्षा के द्वारा हर जगह प्रचारित किए जाएँगे। सभी जाति के नर-नारियों के लिए इस मंदिर के द्वार हमेशा खुले रहेंगे। मंदिर से प्रचारित मैगजीन के द्वारा नए-नए प्रकाशित वैज्ञानिक सिद्धांत संसार में विद्वान् मंडल के पास भेज दिए जाएँगे और शायद उससे अनुप्रयोगिक विज्ञान की भी प्रगति होगी।

मेरी यह और ख्वाहिश है कि इस मंदिर की शिक्षा से विदेश के लोग भी वंचित नहीं होंगे। बहुत शताब्दी पहले भारत में ज्ञान हर जगह प्रचारित हुआ था,

इस देश में नालंदा और तक्षशिला में देश-विदेश से आनेवाले शिक्षार्थी प्यार से यहाँ स्वीकार किए गए थे। जब भी हममें देने की ताकत पैदा हुई है, तब ही हमने महान् रूप से दान किया है। हम छोटे में कभी संतुष्ट नहीं हुए। सर्वजीवन के स्पर्श से हमारा जीवन प्राणमय हो गया है। जो सत्य है, जो सुंदर है, वही हमारे लिए पूजनीय है। कलाकार ने इस कार्य में उस मंदिर को मंडित किया है और चित्रकारों ने हमारे हृदय की अनकही आकांक्षा को कैनवास में उतारा है।

मैंने जिस पादप जीवन की बात की है, वह हमारे जीवन की ही प्रतिध्वनि है। वह जीवन घायल होकर मरता रहता है और थोड़ा नीचा होकर फिर से जाग उठता है। इस चोट के दो पक्ष हैं, हम उन दोनों के मिलन बिंदु पर रहते हैं। एक दिशा में जीवन, दूसरी दिशा में मृत्यु का पाठ प्रसारित है। जीव का स्पंदन चोट की ही प्रतिक्रिया है, जिससे कि हम चोट के बाद फिर से उठ पाते हैं। हर पल में हम दुनिया की चोट के द्वारा मरण अवस्था में जाते हैं और फिर से जीवित हो उठते हैं। चोट के बल पर ही जीवन बढ़ता है। हम तिल-तिल करके मर रहे हैं, इसलिए हम जिंदा हैं।

एक दिन आएगा, जब चोट की मात्रा बहुत अधिक होगी, तब सब एक तरफ झुक जाएगा तथा कभी नहीं उठेगा और कोई भी उसको पकड़कर नहीं उठा पाएगा। तब अपने निकट लोगों का विलाप व्यर्थ होगा, तब पार्वती (शिव की पत्नी) की जीवन भर की साधना और व्रत भी व्यर्थ होगा। लेकिन जो मृत्यु के स्पर्श की हर उत्कंठा और चंचलता में शांत होता है, उसका राजत्व किस-किस देश में होता है। कौन इसका रहस्य उद्‌घाटन करेगा? अज्ञान के अँधेरे में हम चारों ओर से घिरे हुए हैं। आँखों पर परदा हटने से ही इस छोटे से संसार के पीछे के अचिंतनीय नए संसार की अनंत व्याप्ति में हम आश्चर्यचकित हो पड़ते हैं।

कौन सोच सकता था कि इस आर्तनाद विहीन पादप जगत् में तृष्णा से पूर्ण जगत् में असीम जीव संचार में अनुभूति विकसित हो उठी है। उसके बाद कैसे ही तंत्रिका के संकेत से वह छाँव-रूपिणी शरीर के परे स्नेह-ममता पैदा हुई है। इनके बीच में कौन सा अजर है और कौन सा अमर है? जब यह खेलनेवाले का खेल खत्म होगा और उनकी देह अवशेष पुनः भूत में मिल

जाएँगे, तब वह सब अशरीर की छाँव में मिल जाएगी या अधिकतर रूप में खिल उठेगी?

तब किस राज्य के ऊपर मृत्यु का अधिकार है? यदि मृत्यु ही मनुष्य का एकमात्र परिणाम है, तब धन-धान्यपूर्ण पृथ्वी लेकर वह क्या करेगा? लेकिन मृत्यु सर्वजयी नहीं है; जड़-समस्ती के ऊपर ही उसके नियम हैं, मनुष्य की सोच से बनी स्वर्गीय अग्नि भी मृत्यु की चोट से निर्वासित नहीं होती है। अमरत्व के बीज चिंता में, धन-संपत्ति में नहीं हैं। महासाम्राज्य कभी भी सिर्फ देश विजय करने से स्थापित नहीं हुए। उसकी प्रतिष्ठा केवल चिंता और दिव्य ज्ञान के प्रचार द्वारा साधित हुई है। बाईस सौ साल पहले इस भारत खंड में ही अशोक ने जो महासाम्राज्य स्थापित किया था, वह सिर्फ शारीरिक बल और पार्थिव ऐश्वर्य द्वारा प्रतिष्ठित नहीं हुआ था। उस महासाम्राज्य में जमापूँजी थी, वह सिर्फ बाँटे जाने के लिए, दुःख मोचन के लिए और जीव के कल्याण के लिए थी। जगत् की मुक्ति हेतु सब वितरण करके ऐसा दिन आया, जब इस समग्र धरती के अधिपति अशोक का धन आधा अमालक मात्र बचा था, तब वह हाथों में लेकर उन्होंने कहा, "अब यह ही मेरा सब है, यह हमारे चरम दान के रूप में ग्रहण हो।"

अर्घ्य

इस अमालक का चिह्न मंदिर के पत्थर में भी खुदा हुआ है। पताका स्वरूप सर्वोपरि वज्र चिह्न प्रतिष्ठित है—यह देवास्त्र निष्पाप दधीचि मुनि की अस्थियों के द्वारा निर्मित हुआ था। जो दूसरों के लिए जीवन दान करते हैं, उनकी अस्थियों से ही वज्र निर्मित होता है, जो जलनेवाले तेज से संसार में दानवता के विनाश देवत्व को स्थापित करते हैं। आज हमारा अर्घ्य आधा अमालक है सिर्फ, लेकिन पिछले दिनों की महिमा बड़ी होकर पुनर्जन्म लाभ करेगा ही करेगा। यह आशा लेकर आज हम थोड़े समय के लिए यहाँ खड़े हैं, कल से फिर कर्मभूमि में जीवन की नाव को बहाएँगे। आज सिर्फ पूजनीय देवी की पूजा का अर्घ्य लेकर आया हूँ, उनकी असली जगह बाहर नहीं, लेकिन हृदय मंदिर में है। उनकी पूजा का असली उपकरण भक्त के बाहुबल में नहीं, बल्कि अंदर की शक्ति और

हृदय की भक्ति में है। उसके बाद साधक क्या आशीर्वाद की आकांक्षा करेगा? जब प्रदीप्त जीवन निवेदन करके भी उसकी साधना में समाप्त नहीं होगा, जब पराजित और मरते हुए होकर वह मृत्यु का इंतजार करेगा, ठीक तभी पूजनीय देवी उसे गोद में उठा लेगी। ऐसी पराजय के बीच से वह अपना पुरस्कार लाभ कर लेगा।

(विज्ञान मंदिर की प्रतिष्ठा के उपलक्ष्य में)

□

दीक्षा

हम सब विद्यार्थी हैं, कर्मक्षेत्र में रोज ही सीख रहे हैं, दिन-दिन आगे बढ़ रहे हैं और वृद्धि कर रहे हैं।

जीवन के बारे में एक महासत्य यह है कि जिस दिन हमारी विकास करने की इच्छा खत्म हो जाती है, उस दिन से जीवन के ऊपर मृत्यु की परछाईं आ जाती है। राष्ट्रीय जीवन के लिए भी एक बात है। जिस दिन से हमारी बड़े होने की इच्छा थमी है, उस दिन से हमारा पतन शुरू हुआ है। हम लोगों को बचना होगा, संचय करना पड़ेगा और विकास करना पड़ेगा। इसलिए कैसे असली ऐश्वर्य लाभ होगा, एकाग्र मस्तिष्क से उस दिशा में लक्ष्य रखना होगा।

द्रोणाचार्य अपने छात्रों से परीक्षा में पूछते थे, "पेड़ के ऊपर जो चिड़िया बैठी है, उसकी आँख ही तुम्हारा निशाना है, चिड़िया को देख पा रहे हो?" अर्जुन ने कहा, "नहीं, चिड़िया को नहीं देख पा रहा हूँ, सिर्फ उसकी आँख दिख रही है।" ऐसा एकाग्र मस्तिष्क होने से ही बाहर के अवरोधों के बीच भी अडिग होकर निशाना भेद करने में सफल होगे।

फिर वह उद्देश्य क्या है? उद्देश्य है शक्ति संचय करना, जिसके द्वार पर असाध्य भी साधा जा सकता है।

जीवन के संबंध में परीक्षा करके देखा गया है कि शक्ति संचय द्वारा ही जीवन प्रस्फुटित होता है। वह केवल खुद की एकाग्र कोशिश के द्वारा साधित होता है। जो किसी रूप में संचय नहीं करता, वह दूसरों के ऊपर निर्भर है, भिखारी जीवित होकर भी मर चुके हैं।

जिसने संचय किया है, वही शक्तिमान है, जिसने अपने जमा किए गए धन को वितरित करके विश्व को परिपूर्ण किया है, उस साधना का रास्ता कौन चुनेगा ?

इसलिए सिर्फ कुछ कम लोगों को ही बुला रहा हूँ। दो-एक साल के लिए नहीं; सारे जीवन भर साधना के लिए। देख नहीं रहे हो कि धूल के कणों की तरह, कीड़ों की तरह कितने-कितने जीवन हर वक्त पिस रहे हैं। भीषण जीवन-चक्र की गति देखकर डर गए हो ? स्वभाव से नम्र और हीन कार्य-कारण संबंध न समझ पाकर कमजोर हुए हो ? लेकिन तुम्हारे अंदर ही ईश्वर की दृष्टि है, उसको प्रदीप्त करो। शायद प्रकृति के अंदर एक ही दिशा, एक ही उद्देश्य देख पाओगे। देख पाओगे कि विश्व जिंदा या निर्जीव नहीं है सिर्फ। उसका आहार उल्कापिंड है, उसकी नस-नस में पिघली हुई धातु की तरंग प्रवाहित हो रही है। सामान्य धूल के कणों का भी विनाश नहीं होता, क्षुद्र शक्ति का भी विनाश नहीं होता, जीवन भी इसी प्रकार अनश्वर हैं। मानसिक शक्ति में ही जीवन का चरमोत्कर्ष है। देखो, उसी की वजह से यह पूरा देश सजीवित हुआ है। सेवा द्वारा, व्यक्ति द्वारा, ज्ञान द्वारा, मनुष्य एक ही स्थान में उपनीत है। तुम भी इसमें से एक रास्ता स्वीकार करो। जीवन और उसका परिणाम। यह जगत् और दूसरा जगत् तुम्हारी साधन के उद्देश्य हों। बिना डरे वीर की तरह जीवन को इस विशाल युद्ध में निक्षेप करो।

□

घायल पौधा

पश्चिम में कुछ साल से आकाश में धुआँ घिरा था, इसलिए अँधेरा भेदकर कुछ भी नहीं दिखता था। बाहर न निकल पानेवाली अंतर्मन की चीख कामनाओं के गर्जन से पराजित होती। किंतु जिस दिन से सिख, पठान, गोरखा और बंगाली उस महायुद्ध में जीवन अर्पण करने गए, उस दिन से हमारी दृष्टि और श्रवणशक्ति बढ़ गई है।

सफेद पत्थर जिनकी जीवनधारा से रक्तिम हुआ है, उनकी अंतिम वेदना हमारे हृदय में आघात कर रही है। लेकिन क्या यह आकर्षण है? जो हर दूरी मिटा देता है, जो पास को और पास करता है, जिससे हम अपना और पराया भूल जाते हैं? संवेदना ही वह आकर्षण है, केवल सहानुभूति शक्ति से ही हमारे जीवन का असली सत्य उज्ज्वल रूप से प्रकाशित होता है। हमेशा से सहिष्णु होकर पौधों का राज्य हमारे सामने निश्चल होकर खड़ा है। ऊष्मा और ठंड, प्रकाश और अँधेरा, मृदु समीर और तूफान, जीवन और मृत्यु इसको लेकर खेल रहे हैं। अलग-अलग शक्तियों से यह घायल पौधे की कोई रोने की आवाज नहीं हो रही। बहुत ही नियंत्रित, मौन और क्रंदित जीवन का एक हृदयभेदी इतिहास है, अभी इसकी व्याख्या करूँगा।

मनुष्य को चोट लगने से वह चीखता-चिल्लाता है, उसे लगता है कि उसे दर्द हुआ है। गूँगा चीखता नहीं, कैसे जानोगे कि उसे दर्द हुआ है? वे छटपटाते हैं, उनके हाथ आकुंचित होते हैं, देखकर लगता है कि वे भी दर्द में हैं। संवेदना से उसका कष्ट प्राप्त होता है। मेढक को चोट पहुँचाने पर वह नहीं चीखता, लेकिन छटपटाता है, लेकिन मेढक और मनुष्य में तो बहुत अंतर है! मेढक को

दर्द हुआ कि नहीं, यह बात सिर्फ अंतर्यामी जानते हैं। संवेदना हमेशा ऊर्ध्वमुखी होती है। कभी समतलगामी, कभी निम्नगामी। नीची जाति के लोग भी हमारी तरह सुख-दुःख, मान-अपमान का बोध करते हैं, यह बात कोई-कोई संदेह करता है। इसके अलावा नीची श्रेणी के जीवों की तो बात ही नहीं है! लेकिन मेढक घायल होकर कुछ अनुभव करता है और प्रतिक्रिया देता है, यह बात मान लेनी पड़ेगी। अनुभव करता है, वह महसूस करता है, इस बात का मतलब निकालेंगे। मनुष्य को दर्द होता है, जितना नीची श्रेणी के जीव प्रतिक्रिया करते हैं, इस बात में कोई नाराजगी नहीं दिखाएँगे। मेढक का तड़पना देखकर शायद कभी आदत से बोल सकते हैं कि उसे दर्द हुआ है। इस बात के रूपक अर्थ लीजिए। बात के इस्तेमाल के बारे में थोड़ा सावधान होना चाहिए। कारण विदेश के प्रसिद्ध विद्वानों ने बोला था, अपना खोल छोड़कर जिंदा ओयस्टर को जब खाया जाता है, तब वह भी कोई कष्ट अनुभव नहीं करता, इसके उलट पेट के अंदर जाकर उधर की गरमाहट पाकर वह उल्लासित होता है। शेर के पेट में जाने के बाद कोई वापस लौटकर नहीं आया, अतः पेट के अंदर जाने के बाद, पेट के अंदर जाने का सुख हमेशा अनिर्वचनीय रहेगा।

जीवन की मापकाठी

अब देखा जाता है, जीवित अवस्था की कोई मापकाठी (मापक-यंत्र) है या नहीं। जीवित और मृत में क्या अंतर है? जो जिंदा है, उसको चोट पहुँचने से वह प्रतिक्रिया करता है। सिर्फ यह नहीं, जो ज्यादा जिंदा है, वह थोड़ी सी चोट से ही ज्यादा प्रतिक्रिया देता है। जो मरनेवाला है, वह चोट से बहुत ही छोटी प्रतिक्रिया देता है। जो मर गया है, वह एक बार भी प्रतिक्रिया नहीं देता। अतः चोट से जीवित भाव का परिमाण कर सकते हैं। जो तेजस्वी है, वह थोड़े से धक्के से ही पूरी प्रतिक्रिया देगा और जो दुर्बल है, वह बहुत कष्ट पाकर भी निरुत्तर रहेगा। मान लीजिए, किसी प्रकार मेरी उँगलियों के ऊपर बार-बार चोट हो रही है। चोट पाकर उँगली संकुचित हुई है और इसलिए हिल रही है। कम चोट में थोड़ा हिलती है, ज्यादा चोट में ज्यादा हिलती है। सिर्फ आँखों से उसका परिमाण असली रूप में दिखाई नहीं देता। संकुचन की मात्रा जानने के

लिए किसी प्रकार उसके लिखने का बंदोबस्त करना चाहिए। सामने जो परीक्षा दिख रही है, उससे मशीन का आभास मिलता है। थोड़े से आघात के बाद ज्यादा संकुचन। कलम ऊपर की तरफ थोड़ी उठ जाती है, संकुचन रेखा भी कम मात्रा की होती है। बड़े आघात से बनी रेखा बड़ी होती है।

सिर्फ यही नहीं। आघात की अचानक अवस्था से हम फिर प्राकृतिक अवस्था में पहुँच पाते हैं, संकुचित उँगलियाँ फिर से स्वाभाविक अवस्था में प्रसारित होती हैं। चोट देने से संकुचित उँगली की टोन से लिखी रेखा अचानक से ऊपर की दिशा में चली जाती है। सामान्य होने में कुछ समय लगता है, ऊपर पहुँच चुकी रेखा फिर से नीचे खुद ही आ जाती है। आघात की वेदना में थोड़ी देर में पूर्ण मात्रा में हो जाती है। लेकिन उस वेदना को कम होने में थोड़ा समय लगता है। वैसे संकुचन की प्रतिक्रिया कम समय में ही हो जाती है, इससे सामान्य होने में प्रसार रेखा ज्यादा समय लेती है। जोरदार आघात से कठिन प्रतिक्रिया मिलती है, सामान्य होने में ज्यादा समय लगता है। दर्द बहुत समय तक स्थायी रहता है। अगर जिंदा पेशी एक ही अवस्था में रहती है और एक ही तरह के आघात उसके ऊपर होते हैं तो प्रतिक्रिया भी समान होती है। लेकिन जिंदा पेशी हमेशा एक ही अवस्था में नहीं रहती, क्योंकि बाहर का इतिहास और पिछली परिस्थितियाँ हम लोगों ने पल में नए रूप में निर्माण की हैं और उसके साथ हमारी प्रकृति हर पल में बदल रही है। कभी उत्तेजित, कभी दु:खी, कभी मरती हुई। यह सब बाहर का परिवर्तन कभी-कभी बाहर से नहीं दिखता। जो देखने में भला मनुष्य लगता है, वो शायद गुस्सैल स्वभाव का हो, थोड़े से ही गुस्सा आसमान पर चढ़ जाता है किसी को कुछ भी करने से भी गुस्सा नहीं आता। व्यक्तिगत अंतर, परिस्थिति के अनुसार परिवर्तन उस जीवन के इतिहास और यादों पर बहुत निर्भर करता है, जिसका संकेत अदृश्य ही रहेगा। यह सब खोई हुई कहानी क्या कोई किसी दिन सुनाएगा? पहले लगता था कि यह कोशिश एक बार में ही बेकार हो गई। देखते हैं कि असंभव भी संभव हो जाता है कि नहीं। कैसे लोगों की प्रकृति को जान पाओगे? सच और झूठ का क्या अंतर है? टके-पैसे की सच्चाई जानने के लिए उसे बजाना पड़ता है, आघात की प्रतिक्रिया आवाज से मिलती है। एक में सुर है, एक बेसुरी। मानुष की प्रकृति बजाकर परीक्षण किया जा सकता है। ईश्वर

कई आघातों के साथ मनुष्य का परीक्षण करता रहता है, सच-झूठ की परीक्षा सिर्फ तभी होती है।

शायद इस तरह से जीव की प्रकृति और उसका इतिहास जाना जा सकता है···आघात करके और उसकी प्रतिक्रिया रजिस्टर करके। प्रतिक्रिया की फाइल में सिर्फ रेखाएँ हैं, कुछ थोड़ी बड़ी और कुछ अधिक बड़ी। दो रेखाओं के सूक्ष्म अंतर से ऐसी अनकहा, ऐसा अंतरंग और ऐसा रहस्यमयी झूठ कैसे बोला जाएगा? बात जितनी असंभव लगती है, वास्तव में वैसी नहीं है। ग्रहों के फेर में मुझे शायद कभी मुजरिम के तौर पर अदालत में हाजिर होना पड़ेगा। वहाँ मुजरिम को बातें फेंकने का अधिकार नहीं है। वकील की पूछताछ में सिर्फ हाँ या न में जवाब देना पड़ेगा। मतलब सिर्फ दो प्रकार से प्रतिक्रिया दे पाऊँगा···सिर को ऊपर-नीचे या बाएँ-दाएँ हिलाकर। अगर मुजरिम के मुँह पर कालिख लगाकर सामने एक सफेद स्टांप कागज को पकड़ाया जा सकता है तो कागज में दो प्रकार की प्रतिक्रियाएँ लिखनी पड़ेंगी। यह असल में नाक से लिखवाना है और ऊँची रेखा की प्रतिक्रिया द्वारा स्वरण धर्मावतार न्यायाधीश महोदय हमारी समस्त जीवन परीक्षा को संपन्न करते हैं। और उस विचार के द्वारा ही हमारे भविष्य का स्थान निश्चित होगा, कलकत्ता या अंडमान। इस लोक या उस लोक।

अभी तक मनुष्य के बारे में बोला। पेड़ की बात और उसके गहरे इतिहास की अभी बात करूँगा। पेड़ की परीक्षा लेने के लिए उसे किसी विशेष तरीके से चोट पहुँचानी होगी और वह प्रतिक्रिया में जो-जो संकेत देगा, वह उससे ही रिकॉर्ड करना पड़ेगा। उस लिखने के तरीके से ही वर्तमान, भूत और भविष्य के बारे में पता चल सकेगा। अतः यह मुश्किल कार्य सफल करने के लिए देखते रहना पड़ेगा—

1. पेड़ किस आघात में उत्तेजित होता है और कैसे उस आघात की मात्रा मापी जा सकती है?
2. आघात से पेड़ कैसे संकेत देता है?
3. किस प्रकार से यह प्रतिक्रिया रिकॉर्ड हो सकती है?
4. उस लिखावट से कैसे पेड़ के इतिहास के बारे में पता चलेगा?
5. पेड़ का हाथ अर्थात् उसकी डाली काटने से वह कैसे महसूस करता है?

पेड़ की प्रतिक्रिया की बात

पहले ही बोला है, हमारे किसी अंग में चोट लगने से वहाँ एक बार भाव उत्पन्न होते हैं। वह अंग संकुचित होता है। तब उस जगह से विकार जनित टक्कर तंत्रिका से लेकर दिमाग तक पहुँचती है, वह हम चोट की मात्रा और प्रकृति भेद में सुख और दुःख मानकर चलते हैं। शरीर को बाँधने से उसके हिलने की ताकत बंद हो जाती है, लेकिन फिर भी तंत्रिकाओं से संकेत जाना बंद नहीं होता। पेड़ को इलेक्ट्रिक तार के साथ जोड़ देने से दिखता है कि पेड़ को चोट देने से ही वह एक इलेक्ट्रिक प्रतिक्रिया देता है। पेड़ की मृत्यु के बाद वह कोई प्रतिक्रिया नहीं देता। ऐसे हर प्रकार का पेड़ और उसके हर अंग-प्रत्यंग चोट की अनुभूति महसूस कर सकते हैं, मैं यह साबित करने में सफल हुआ था।

कुछ-कुछ पेड़ जो हिलकर प्रतिक्रिया देते हैं, जैसे—लज्जावती लता। हर पात्र मूल के नीचे पादपपेशी से ज्यादा मोटा होता है। हमारी पेशी में चोट लगने से जैसे संकुचन होता है, पौधे के पत्तों के नीचेवाली पादप पेशी भी उसी तरह चोट से संकुचित होती है। चोट से अचानक संकुचन के बाद पेड़ सामान्य हो जाता है और पेड़ फिर से पहले की तरह ऊपर उठ जाता है। मनुष्य जैसे हाथ हिलाकर के प्रतिक्रिया करते हैं, लज्जावती भी उसी तरह से पत्ता हिलाती है।

मानुष को जिस तरीके से उत्तेजित किया जा सकता है, लज्जावती को ठीक उसी तरह से उत्तेजित किया जा सकता है, जैसे—लाठी से चोट देकर, चुटकी काटकर, गरम लोहे ही छड़ से स्पर्श करके, अम्ल से जलाकर... यह सब प्रतिक्रिया में पत्ते हिला उठती है, लेकिन ये सभी भीषण चोट पत्ते ज्यादा देर तक नहीं सह पाते और प्राण त्याग देते हैं। अतः ज्यादा समय तक परीक्षा के लिए कोई मृदु ताड़ना की जरूरत होती है, जिससे पत्तों का प्राणनाश न हो और प्रतिक्रिया की मात्रा भी एक रहे।

पेड़ को किसी सहज उपाय में सोए या निश्छल परिस्थिति से जगाना होगा। राजकन्या मायावश में सोई थी, सोने और चाँदी की काठी के स्पर्श से उसकी नींद टूट गई। सामने की परीक्षा से जाना जाता है, सोने के दंड और चाँदी के दंड स्पर्श करने से लज्जावती लता और निश्छल मेढक और पत्ते शरीर हिला उठते हैं। इसका कारण यह है कि दोनों अलग धातुओं के स्पर्श होने से ही विद्युत् तरंगें

बहने लगती हैं और इलेक्ट्रिक बल हर तरीके से जीव और पेड़ दोनों एक ही तरीके से उत्तेजित होते हैं। विद्युत् शक्ति से उत्तेजित करने की क्षमता यह ही है कि मशीन द्वारा उसकी क्षमता कम या ज्यादा हो सकती है या एक ही मात्रा में रखी जा सकती है। इच्छा क्रम में विद्युत् आघात से वज्र की तरह भीषण तरीके से पलक झपकते ही जीवन नष्ट हो सकता है या फिर मशीन की सुई घुमाकर चोट मृदु और और मृदु की जा सकती है। ऐसी मृदु चोट से पेड़ को कोई हानि नहीं होती।

पेड़ का लिपि-यंत्र

पेड़ की प्रतिक्रिया के बारे में बताया है। अब कठिन बात यह है कि किस तरीके से पेड़ की प्रतिक्रिया रिकॉर्ड की जा सकती है। जानवर की प्रतिक्रिया सामान्यत: कलम के संयोग से रिकॉर्ड होती है, लेकिन चिड़िया की पूँछ में पत्थर लगाने से उसे उड़ने में जिस तरीके से सहायता होगी, पेड़ के पत्तों के साथ कलम जोड़ने से उसके लिखने की क्षमता भी ठीक उसी तरह बढ़ेगी। ऐसा है कि वन चांडाल के छोटे पत्ते धागे का वजन भी नहीं सह पाते, इसलिए वह कलम का वजन धकेलकर प्रतिक्रिया लिखेगा, ऐसी कोई संभावना नहीं थी। इसलिए मैंने दूसरा रास्ता अपनाया था। प्रकाश की रेखा का कोई वजन नहीं होता। पहले परावर्तित प्रकाश किरण से मैं पत्तों की विभिन्न प्रतिक्रिया खुद के हाथों से लिख पाया था। यह संपादित करने में भी बहुत समय लग गया था। जब यह सब नए सिद्धांत शरीर क्रिया विज्ञानियों के समक्ष रखे, तब वे लोग काफी अचंभित रह गए। अंत में उन्होंने मुझे बताया कि यह सब सिद्धांत इतने अकल्पनीय हैं कि अगर किसी दिन पेड़ खुद के हाथों से लिखकर सबूत देता है, सिर्फ तब ही वे लोग यह सब बातें मानेंगे।

जिस दिन यह समाचार आया, उस दिन पूरा प्रकाश मेरी आँखों से जैसे घुल गया। लेकिन पहले से ही मैं जानता था कि सफलता असफलता का ही एक दूसरा सिरा है। यह बात फिर से नए तरीके से समझने की कोशिश की। बारह साल के बाद साँप ही दरबान हुए। उन बारह सालों की बात संक्षिप्त में कहूँगा। कलम एकदम नए तरीके से बनाईं। बहुत पतले तार से बहुत हलके

वजन की कलम प्रस्तुत की, वह कलम एमराल्ड पत्थर के ऊपर निर्मित हुई, ताकि पत्ते के थोड़े से खिंचाव से ही घूम सके। इतने दिन के बाद पेड़ के पत्तों की धड़कनों के साथ कलम धड़कने लगी। उसके बाद लिखने के लिए कागज के घर्षण के विरुद्ध कलम और उठ नहीं पाई। कागज छोड़कर चिकने शीशे के ऊपर दीपक से काला काजल लेप दिया और काली लिपि में सफेद से लिखा गया। उससे घर्षण की रुकावट थोड़ी कम हुई, लेकिन पेड़ का पत्ता उस थोड़े से घर्षण की रुकावट धकेलकर कलम चला न सका। इसके बाद असंभव को संभव करने में और 5-6 साल लगे। उसके बाद 'समतल' यंत्र के उद्भव द्वारा संभव हुआ। यह सब मशीन बनाने की कहानी बोलकर आप लोगों को अधीर नहीं करूँगा। लेकिन यह बोलना जरूरी है कि इन सब मशीनों द्वारा पेड़ की बहुत सारी प्रतिक्रियाएँ लिखी जाती हैं। पेड़ की वृद्धि जल्दी मापी जाती है और इस कारण से उनका खुद का स्पंदन रजिस्टर होता है और जीवन-मृत्यु की रेखाएँ उसका जीवन नाप लेती हैं।

पेड़ की लिखावट से उसके इतिहास की जानकारी

पेड़ की लिखावट की व्याख्या बहुत समय लेगी, लेकिन उत्तेजित अवस्था में प्रतिक्रिया बड़ी हो जाती है। बीमार अवस्था में प्रतिक्रिया छोटी हो जाती है, मरती हुई अवस्था में प्रतिक्रिया खो जाती है। यह जो प्रतिक्रिया की फाइल सामने देख रहे हो, वह लिखने के समय आकाश भर का पूर्ण प्रकाश था और पेड़ उत्तेजित अवस्था में था। इसलिए प्रतिक्रिया का परिमाण ज्यादा है। देखते-देखते प्रतिक्रिया की मात्रा किसी बड़े कारण से अचानक छोटी हो गई। इसके बीच में अगर कोई परिवर्तन हुआ है, वह मेरी इंद्रियों को भी दिखाई नहीं दिया था। आकर देखा कि सूर्य के सामने एक छोटा सा बादल का टुकड़ा हवा में उड़ रहा है। उसकी वजह से सूर्यलोक की जो थोड़ी सी रोशनी कम हुई थी, वह घर के अंदर से किसी तरह नहीं समझ पाया था, लेकिन पेड़ वह महसूस कर पाया था और छोटी सी प्रतिक्रिया से उसने अपना दु:ख ज्ञापन किया तथा जब वह बादल का टुकड़ा चला गया, वैसे ही उसके पहले की तरह फिर पेड़ उत्तेजित हो उठा। पहले ही बोला था कि मैंने विद्युत् प्रयोगों से जरिए साबित किया था कि पेड़ों में

अनुभव शक्ति है। इस बात पर पश्चिम के विज्ञानी बहुत दिन तक विश्वास नहीं कर पाए। कुछ समय हुआ, फरीदपुर का खजूर के पेड़ मेरी बात को साबित कर गया। यह पेड़ सुबह के समय माथा ऊँचा करता था और शाम के समय माथा झुकाकर मिट्टी स्पर्श करता था। जो इस पेड़ की बाहर की प्रतिक्रिया की अनुभूति से उत्पन्न हुआ है, यह प्रमाणित करने में सफल हुआ। जो सब उदाहरण आज दिए, उनसे आप समझ पाएँगे कि पेड़ के द्वारा लिखी प्रतिक्रिया से उसके जीवन का छुपा हुआ इतिहास जानने को मिलता है। पेड़ के परीक्षण से जीवन संबंधित ऐसे बहुत से तथ्यों का आविष्कार करना संभव हुआ है। वैज्ञानिक सत्य के साथ-साथ अनेक दार्शनिक प्रश्नों की मीमांसा होगी, यह प्रतीत होता है।

डिब्बेवाला तेल

सुनने में आता है कि कुत्तों के पूँछ के आंदोलन को लेकर दो परिकल्पनाओं का अब तक निर्धारण नहीं हुआ। कोई बोलता है कि कुत्ता पूँछ हिलाता है, दूसरा पक्ष बोलता है कि पूँछ कुत्ते को हिलाती है। ठीक उसी तरह पत्ता हिलता है या पेड़? तेलवाला डिब्बा होता है या डिब्बेवाला तेल? कौन हिलता है, कौन प्रतिक्रिया देता है? विदेश में हमारी समझ को लेकर कहीं समालोचना होती है। इस देश में नारी जाति खुद की इच्छा से कुछ नहीं कर पाती, ऐसा मानते हैं। सिर्फ पुरुष के सहारे से पुतलियों की तरह वह टहलती रहती है। कौन किसके इशारे में चलता है? डोर किसके हाथ में है? कौन हिलता है, कुत्ता या उसकी पूँछ? अनुभवी लोग जो बोलते हैं, वह दूसरा है। बाहर जितना प्रताप, उतना ही आंदोलित होता है, यह सब पुतलियों का नृत्य है सिर्फ, परिवर्तन की शक्ति तो अंदर है। ऐसा भी समय आता है, जब रमणी वह बंधन की रस्सी अपने हाथों से तोड़ देती है। आँचल से जिसकी इतने दिन रक्षा की थी, उसको ही आदेश करती है—जाओ तुम दूर, सिर्फ आशीर्वाद देकर। तुमको मृत्यु के हाथों ही वरण किया!

चोट करने से लज्जावती के पत्ते गिर जाते हैं। पत्ता हिलता है या पेड़ हिलता है, वह प्रयोग करके पता लगाया जा सकता है। पहले पेड़ को पाक्स कर रखने से पेड़ नहीं हिल पाता, पत्ता हिलता है। लेकिन अगर पत्ते को पकड़कर जड़ से उठा लिया जा सकता है, यह देखा जा सकता है—चोट से पेड़ हिल उठता है,

पत्ता ठहरा रहता है। अंग में चोट लगने से उस आघात का दर्द हर सिरे में पेड़ के हर अंग-प्रत्यंग में बहता रहता है और किसी और का दु:ख-सुख का मन लेता रहता है। क्योंकि पेड़ में सौ शाखा-प्रशाखाएँ बनी हुई हैं, फिर भी कौन सी ग्रंथि उसके एक-एक भाग को एक करके बाँधती है। केवल यह एकता के बंधन की वजह से बाहर का तूफान और आघात छोटा करके पेड़ ने अपना सिर ऊपर किया हुआ है।

घायल पेड़ की प्रतिक्रिया

अभी देखते हैं कि किस तरह अलग-अलग तरीके से घायल पेड़ खुद की जटिलता के बाहर जीवनयापन करते हैं। मैं इस बारे में पौधों की एक प्रकार की प्रतिक्रियाओं के बारे में बताऊँगा। पहली, बढ़ते हुए पेड़ में छुरी भोंकने से वृद्धि की दर बढ़ती है या कम होती है, वह विषय ज्ञापन करूँगा। दूसरे पेड़ का पत्ता काटने से उस आघात से पेड़ और उससे अलग हुआ पत्ता कैसा महसूस करता है, वह देखेंगे।

पेड़ सामान्यत: कितनी वृद्धि करते हैं, यह जानने के लिए बहुत समय लगता है। घोंघे की गति से पेड़ की वृद्धि की गति 1/600 गुना कम है, इसलिए मुझे एक नई मशीन बनानी पड़ी, उसका नाम है—क्रेस्कोग्राफ। उसके द्वारा पौधों की वृद्धि की दर एक करोड़ बार बढ़कर रिकॉर्ड होती है, जहाँ माइक्रोस्कोप हार मान लेता है। उससे भी क्रेस्कोग्राफ की उपलब्धि लाख गुना ज्यादा है। करोड़ बार वृद्धि का मतलब आप मन में साकारभूत नहीं कर पाएँगे, इसलिए एक कहानी के सहारे उदाहरण दे रहा हूँ—एक बार बंगाल-नागपुर और ईस्ट इंडिया रेलगाड़ी की दौड़ हुई कि कौन आगे जाता है। ऐसे समय में एक घोंघा वह देखकर हँसी नहीं रोक पाया। वैसे ही यह क्रेस्कोग्राफ के ऊपर आ पहुँचा। कुछ देर बाद मुख घुमाकर वह देखा पाया कि गाड़ी बहुत दूरी पर है।

मन था कि मशीन का नाम केस्कोग्राफ न रखकर 'वृद्धिमान' रखूँ। लेकिन वह हो नहीं पाया। मैंने पहले-पहल अपने यंत्रों को संस्कृत नाम दिया था, जैसे—कुंचन-मन और सोशोंमन। स्वदेशी का प्रचार करने के लिए बहुत कठिनाई में आना पड़ा है। पहले तो यह सब नाम अटपटे हुआ करते हैं, यह बोलकर विदेशी

जर्नल्स मजाक करते थे। केवल बोस्टन की प्रमुख मैगजीन, बहुत दिनों तक मेरे पक्ष में रही। संपादक लिखते हैं, जो आविष्कार करता है, नामकरण करने का पहला अधिकार उसका है। उसके बाद नई मशीन का नाम पुरातन भाषा लैटिन और ग्रीक से होते हैं। अगर ऐसा ही है तो मैं बहुत पुरातन, लेकिन जीवंत भाषा संस्कृत से क्यों नहीं नाम रख सकता? बलपूर्वक जैसे नाम चलाया तो वह परिणाम नहीं मिला। पिछले समय अमेरिका के विश्वविद्यालय में भाषण देते समय वहाँ के प्रसिद्ध प्रोफेसर ने मेरी मशीन 'कंचन-मन' के संबंध में व्याख्या करने के लिए प्रार्थना की। पहले समझ नहीं पाया, फिर समझा, 'कुंचन-मन' कंचन मन में विकसित हुआ है। हंटर साहब की प्रणाली के हिसाब से कुंचन की वर्तनी कही थी। रोमन अक्षरमाला का विशेष गुण यह है कि इसके किसी स्वर अ से ओई तक जैसे-तैसे भी उच्चारण किया जा सकता है। सिर्फ नहीं होता ऋ और 9 (बंगाली स्वर) उसके ऊपर या नीचे दो-एक बूँद देने से हो सकता है। वह जो भी हो, समझ में आया कि हिरण्यकश्यप से हरिनाम बुलवाया जा सकता है, लेकिन अंग्रेजों से बांग्ला या संस्कृत बुलवाना असंभव है। इसलिए हमें हरि का हारि होना पता है, यह देखकर यंत्र की 'वृद्धिमान' नामकरण की ख्वाहिश एक बार में चली गई। वृद्धिमान फिर वर्दोयाँ होता, उससे क्रेस्कोग्राफ अच्छा है।

बढ़ता हुआ पेड़ प्रति सेकंड में कितना बढ़ता है, वह तब यह मशीन लिख देती है। यह जानने में आता है कि यह पेड़ एक मिनट में एक हजार लाख भाग के 1/42 बार करके बढ़ रहा था। पेड़ को तब लाठी से थोड़ी सी चोट पहुँचाई। वैसे ही पेड़ की वृद्धि अचानक कम हो गई। उस चोट को भुलाने में पेड़ को आधा घंटा से ज्यादा समय लगा। उसके बाद बहुत सतर्क होकर वह फिर बढ़ने लगा। हे! हाथ में लाठी पकड़े हुए स्कूल के हेडमास्टर, तुम्हारे हाथों से कान मसल खाकर कितने लोग उच्च न्यायालय के जज बने बैठे हैं, उसमें कोई संदेह नहीं है। लेकिन लड़के लोग तुम्हारे हाथ से लाठी खाकर अचानक लंबे हो उठेंगे, इस बारे में मुझे बहुत संदेह है। हर प्रकार की चोट से ही वृद्धि कम हो जाती है। सुई चुभो दी, इससे पेड़ की वृद्धि 1/4 हो गई। एक घंटे बाद भी वह चोट को सँभालकर उठ नहीं पाया, तब भी उसकी वृद्धि की गति आधे से भी ज्यादा नहीं हो पाई। छुरी से लंबा सा चीरने से चोट और खतरनाक होती है। तब वृद्धि बहुत

समय तक कम हो जाती है। लेकिन लंबा काटने से अच्छा इस पार से उस पार काटना है। कोई मछली काटने के समय गृहलक्ष्मी यह बात याद रख सकती हैं।

चोट से अनुभूति शक्ति का चला जाना

इसके बाद लज्जावती के पत्तों को काटा, उसका कटा हुआ पत्ता और पेड़ के जो सब पत्ते थे, वे सब पत्ते ही संकुचित हो गए। इसके बाद देखना पड़ेगा कि कटा हुआ पत्ता और घायल पेड़ की परिस्थिति कैसी होती है। परीक्षण करके देखा, 3/4 घंटे तक सब एकदम अचेतन रहे। उसके बाद का इतिहास एकदम अद्‌भुत है। कटे पत्ते को बचाने के लिए उसको अच्छा खानेवाला रस पीने देया। इससे पत्ता चार घंटों बाद सिर उठा पाया और उसने बड़ी प्रतिक्रिया दी। मानो वह सोच रहा है—क्या हुआ है? अच्छा ही हुआ है; पेड़ के साथ इतने समय बंधन में था, अभी शरीर कैसा हलका लग रहा है, इससे पत्ता जिद के साथ बार-बार प्रतिक्रिया करने लगा। यह सब पूरे दिन चला। उसके बाद क्या हुआ पता नहीं, प्रतिक्रिया एक बार में कम हो गई। पचास घंटों के बाद पत्ता मुँह के बल गिर गया। उसके बाद ही मृत्यु! जिसका पत्ता कटा हुआ था, उस पेड़ का इतिहास अलग है, वह धीमे-धीमे अच्छा हो गया—'कुछ परवाह नहीं', दुःखी भाव उसका एकदम ही नहीं था। जो है, उसे लेकर ही रहना पड़ेगा। धीमे-धीमे घायल पेड़ ने अपना कष्ट सँभाल लिया। जो अस्थायी कमजोरी आई थी, वह झड़ गई और पहले की तरह प्रतिक्रिया करने में सक्षम हो गया।

जन्मभूमि

फिर क्यों यह विभिन्नता, किसके कारण पत्ता कटा, पेड़ घायल हुआ और मृत्यु होकर के भी फिर से बच उठा और गिरा हुआ पत्ता अलग उम्मीदों से लिप्त होकर के भी मृत्यु मुख में गिर गया? इसका कारण यह है कि पेड़ की जड़ जमीन में स्थापित है—उस स्थान के रस द्वारा उसका जीवन संगठित होता है। वह जमीन ही उसका स्वदेश है और पोषण करनेवाली भी है।

पेड़ के अंदर एक स्थायी शक्ति सोई है, जिसके द्वारा युग-युग में वह खुद की विनाश से रक्षा किए हुए है। बाहर कितने परिवर्तन हुए हैं, लेकिन दृष्ट गुण

में वह पराजित नहीं हुआ। बाहर के आघात से उत्तर में पुनर्जीवन द्वारा वह बाहर के परिवर्तन के साथ जूझ रहा है। ये परिवर्तन छोटे हैं और उसने इन्हें स्वीकार कर लिया है। जो जरूरी नहीं है, जीर्ण पत्ते की तरह उसको त्याग दिया है। ऐसे बाहर की विभीषिका को उसने पार किया है।

और एक शक्ति हमेशा उसका सहारा बनी है। वह जो बरगद के वृक्ष के बीज से जन्म ली है, इसकी याद उसके सारे अंगों में है, इसलिए उसकी मूल भूमि में धीर रूप से प्रकाशित है। उसके सिर के ऊपर प्रकाश के संधान में उन्नति है और शाखा प्रकाश छाया दान में चारों दिशाओं में प्रसारित है। तब किस-किस शक्ति बल से वह घायल होकर बची रहती है। जिस धैर्य, जुनून से वह खुद की मिट्टी को दृढ़ता से गले लगाए हुए है, पेड़ उस अनुभूति से भीतर और बाहर का संतुलन कर लेता है, स्मृति में रहनेवाली बहु जीवन की संचित की गई शक्ति खुद की कर लेता है और जो दुर्भाग्यपूर्ण आदमी खुद अपने स्थान और देश से मुँह मोड़ लेते हैं, उनके लिए दूसरों के दान किए गए खाने से ही कुछ बचता है। जो राष्ट्रीय स्मृति भूल जाता है, वह दुर्भाग्यशाली क्या शक्ति लेकर बचेगा? विनाश उसके सामने है, ध्वस्त होना ही उसकी नियति है।

□

तंत्रिका तंत्र में उत्तेजना प्रवाह

बाहर का समाचार अंदर कैसे पहुँचता है? हमारी बाहरी इंद्रियाँ चारों तरफ फैली हुई हैं। अलग-अलग धक्के और चोट उनके ऊपर आकर पड़ रहे हैं और इंद्रियाँ यह समाचार अंदर पहुँचा रही हैं। आकाश की लहरों से घायल होकर उन्हें जो संकेत भेजती हैं, वह प्रकाश माना जाता है। वायु की लहर कानों को धक्का देने से जो संकेत पहुँचता है, उसको ध्वनि कहते हैं। बाहर की चोट की मात्रा कम होने से सामान्यतः उसको आनंदमय कहकर ही मानते हैं। लेकिन चोट की मात्रा बढ़ने से दूसरी तरह की अनुभूति होती है मृदुस्पर्श सुखकर है, लेकिन पत्थर का आघात कभी भी सुखजनक नहीं है।

टेलीग्राफ के तार से विद्युत् पुंज एक स्थान से दूसरे स्थान तक पहुँच जाता है और ऐसे दूर देश में खबर पहुँचती है। लेकिन तार काट देने से समाचार बंद हो जाता है। एक ही विद्युत् प्रवाह अलग-अलग मशीन में अलग-अलग संकेत करता है—काँटा हिलता है, घंटा बजता है, प्रकाश जलाता है। अलग-अलग इंद्रियों से जो उत्तेजना प्रवाह होती है, वह कभी ध्वनि, कभी प्रकाश और कभी स्पर्श बोलकर अनुभव होती है। उत्तेजना अगर मांसपेशी में आकर गिरती है, तब मांसपेशियाँ संकुचित होती हैं। तार काटने से जैसे समाचार बंद हो जाता है, तंत्रिका काटने से वैसे ही बाहर का समाचार और अंदर नहीं पहुँचता।

स्वतः स्पंदन और अंदर की शक्ति

बाहर की चोट से प्रतिक्रिया के बारे में बताया है। उसको छोड़कर भी एक प्रकार की प्रतिक्रिया है, जो अपने आप हो जाती है। वह स्वतः स्पंदन अंदर की

किसी अज्ञात शक्ति के द्वारा घटता है। हमारा हृदय स्पंदन इसका ही एक उदाहरण है। यह अपने आप हो जाता है। पादप जगत् में इसका उदाहरण मिलता है। वन चांडाल पौधे के पत्ते खुद-ब-खुद हिलते रहते हैं। अंदर की शक्ति से स्वतः स्पंदन की एक और खासियत होती है कि यह बाहर की शक्तियों से विचलित नहीं होता। बाहर की शक्ति को उलटा प्रतिरोध करता है। अतः देखा जा रहा है, दो प्रकार की शक्तियों से जीव उत्तेजित होता है—बाहर की शक्ति और अंदर की शक्ति। सामान्यतः अंदर की शक्ति बाहर की शक्ति का प्रतिरोध करती है।

इंद्रियों के द्वारा अग्राह्य संकेत किस रूप में इंद्रियों से ग्राह्य होंगे ?

चोट की मात्रा के अनुसार हुई उत्तेजना से पौधों में वृद्धि कम होती है। ऐसी बहुत घटनाएँ घट रही हैं, जो हमारी इंद्रियों की पकड़ में नहीं आतीं। प्रकाश जब धीमे से और धीमा होता जाता है, तब दृश्य-अदृश्य सब मिल जाते हैं। अब भी आँखों से प्रकाश से सत्य घायल हो रहा है, लेकिन बहुत मृदु उत्तेजना के प्रवाह से तंत्रिका से ज्यादा दूर तक नहीं जाकर सोई हुई अनुभूति शक्ति नहीं जाग पाती। इंद्रियों के लिए जो आशातीत है, कभी संभव होगा ? थोड़ी देर के लिए एक दिन जैसा संधान पाया था, वह और देख नहीं पा रहा हूँ। कैसे उसकी दृष्टि प्रकट होगी, अनुभूति शक्ति बढ़ेगी ?

दूसरी तरह बाहर की भयंकर चोट से 'अनुभूति शक्ति' कष्ट में मुरझा गई। यह कष्टप्रद प्रवाह कैसे कम होगा ? हे कायर, तुम भी एक दिन मरोगे, अतः क्यों अकाल शंका हेतु 100-100 बार मृत्यु यातना भोग रहे हो ? यहाँ तक कि बाहरी जगत् की चोट का तुम निवारण करने में असमर्थ हो, अतः अंतरजगत् के तुम ही सिर्फ अधिपति हो, जो रास्ते में बाहर का समाचार तुम्हारे पास पहुँचाता है, वह रास्ता एक समय में विस्तृत होकर दूसरे समय में खत्म होगा।

कभी-कभी ऐसी घटना देखने को मिली है। मन की बिखरी अवस्था में जो न देखा है, न सुना है। मस्तिष्क का नियंत्रण करके वह देखा है या सुना है, इससे लगता है कि इच्छा के अनुसार और कुछ दिनों के अभ्यास बल से अनुभूति शक्ति बढ़ जाएगी। जब स्नायु सूत्र से बाहर की खबर अंदर पहुँचती

है, तब तंत्रिका किस रूप परिवर्तन से अर्ध-उन्मुख द्वार एक बार में खुल जाता है ? शायद दूसरा उपाय भी है, जिससे खुला द्वार एक बार में बंद हो जाता है ?

बाहरी शक्ति का प्रतिरोध

ऐसी एक घटना कुमाऊँ अवस्थान काल में देखी थी। तराई से एक भीषण शेर आकर देश को तहस-नहस कर रहा था। कुछ ही दिनों में बहुत लोग शेर से प्रभावित हुए। सरकार की तरफ से शेर मारने के लिए बहुत कोशिश हुई लेकिन वह सब विफल हुआ। गाँव के लोग फिर असहाय होकर कालू सिंह के पास गए। जो किसी एक काल में शिकार करता था, लेकिन हथियारों संबंधी नियम बन जाने के कारण उसने काफी समय से अपनी एक नालवाली बंदूक का इस्तेमाल नहीं किया था। शेर दिन के समय शाम को मठ में भैंसे का शिकार कर रहा था। उस भैंसे की चीख साफ सुनाई पड़ रही थी। रात को उस जगह शेर लौटकर आएगा, इस आशा से पास की झाड़ी के पीछे कालू सिंह इंतजार कर रहा था। शाम के समय खुद ही यम की तरह शेर दिखाई दे गया, बीच में तीन हाथों की दूरी पर। डर से कालू सिंह का पूरा शरीर काँप रहा था। किसी तरह बंदूक स्थिर करके निशाना नहीं बना पा रहा था। कालू सिंह से बाद में यह सुना गया—"तब मैं खुद को डराकर यह बोला, यह है कालू सिंह ? पत्नी, बहन, बाल-बच्चों को बचाने के लिए तुम्हें यहाँ भेजा गया है, और तुम झाड़ी में पीछे छुपे बैठे हो ? तभी अंदर से आग की तरह कुछ एक दौरा आया; उससे शरीर लोहे की तरह सख्त हुआ। तब शेर के सामने खड़ा हुआ। शेर ने मुझे देखकर एक छलाँग मारी, तभी मेरी बंदूक से आवाज आई और शेर मर गया।"

स्नायु के अंदर यह कुछ दौड़कर गया, जिसमें शरीर लोहे की तरह सख्त हो गया। तब उस लोहे की ढाल को भेदकर बाहर का कोई डर अंदर नहीं आ पाता है। तंत्रिका तंत्र में क्या परिवर्तन होता है, जिससे ऐसा संभव या असंभव भी संभव हो जाता है ? तंत्रिका के अंदर उत्तेजना का प्रवाह पूरी तरह अदृश्य है। उसकी प्रकृति क्या है, वह किस नियम में चलती है, इसका कुछ पता नहीं है। वैज्ञानिक प्रयोगों से यह सिद्धांत सिद्ध होंगे, यह मानकर बीस साल तक इस खोज के लिए मैंने काम किया था।

पेड़ों में तंत्रिका तंत्र

पहले तो, पादप जीवन को लेकर प्रयोग किया था। फेरार, हाबलैंड आदि यूरोपीय विद्वानगण के सिद्धांत में आया था कि जानवर की तरह पौधों में कोई तंत्रिका तंत्र नहीं है। लेकिन लज्जावती के पत्ते को एक स्थान में चिमटी से पकड़ने से दूर में रहनेवाला पत्ता क्यों गिर जाता है? इसके जवाब में वे बोले कि चिमटी काटने से पेड़ में पानी का प्रवाह रुकने लगता है और इस प्रवाह के रुकने की वजह से पत्ता गिर जाता है। यह निष्कर्ष एक कल्पित-कथा है, यह मेरे प्रयोगों से साबित हुआ है। पहले तो चिमटी न काटे और दूसरे तरीके से भी लज्जावती के उत्तेजना प्रवाह को प्रेरित किया जा सकता है। इस उपाय में जल-प्रवाह एक बार भी उत्पन्न नहीं होता न रुकता है। और देखा जाता है कि जानवरों के तंत्रिका तंत्र में जो विशेषता है, पौधों के तंत्रिका तंत्र में वह उपस्थित है। पाइप के अंदर जल-प्रवाह का वेग, ठंड या ज्यादा तापमान से न कम होता है, न बढ़ता है, लेकिन तंत्रिका का उत्तेजना वेग नौ डिग्री तापमान बढ़ने पर दोगुना हो जाता है। पौधों में भी वैसा ही होता है। ज्यादा ठंड में स्नायु रेखाएँ विकल हो उठती हैं। तब उत्तेजना प्रवाह एक बार में ही बंद हो जाता है। क्लोरोफॉर्म के प्रवाह में उत्तेजना प्रवाह एक बार में बंद हो जाता है। पेड़ों में तंत्रिका प्रवाह है—मेरा यह निष्कर्ष अब हर जगह स्वीकार्य है।

अणुओं के आसपास उत्तेजना का ह्रास और वृद्धि

पहले देखते हैं, किस तरह से तंत्रिका की उत्तेजना दूर तक प्रेषित होती है। इस बारे में साफ धारणा होने के बाद में देखा जाएगा कि किस तरीके से उत्तेजना प्रवाह कम या ज्यादा हो सकता है। तंत्रिका तंत्र अनगिनत परमाणुओं से मिलकर बना है, हर परमाणु सामान्य अवस्था में अपेक्षाकृत निश्छल भाव से अपनी जगह स्थिर है। लेकिन चोट पहुँचने से हिलता-डुलता रहता है। यह हिलना-डुलना ही उत्तेजित अवस्था है। एक परमाणु जब धड़कता है, पास के दूसरे परमाणु भी उसकी चोट से हिलने लगते हैं और ऐसे आवर्ती तरीके से तंत्रिका तंत्र में उत्तेजना एक भाग से दूसरे भाग तक पहुँचती है। परमाणुओं की चोट से बनी धड़कन कैसे एक प्रांत से दूसरे प्रांत में पहुँचती है। परमाणु की चोट से बने कंपन कैसे

दूर प्रेरित होते हैं, उसकी एक छवि की कल्पना कर सकते हैं। मान लो कि मेज के ऊपर एक बंडल किताब रखी हैं सीधे करके। दाएँ तरफ से एक को धक्का देने से पहले नंबर की पुस्तक दूसरे नंबर पर जाकर गिरेगी और दूसरी तीसरी को धक्का देकर एक-दूसरे को दूसरे कोने तक गिरा देंगी।

किताबें पहली तरफ थीं और किताब को उलट देने के लिए कुछ मात्रा में शक्ति की जरूरत होती है। मान लो कि उसकी मात्रा है पाँच। धक्के की मात्रा अगर पाँच न होकर तीन होती है तो किताब नहीं उलटेंगी। अत: पास की किताब भी निश्चल अवस्था में रहेगी। इस कारण से बाहरी अंग में जब चोट बहुत हलकी होती है, तब उत्तेजना दूर तक नहीं पहुँचती और इसलिए बाहर की चोट इंद्रियों में रिकॉर्ड नहीं होती। मान लो, किताबों को सीधे न रखकर बाएँ तरफ थोड़ा झुकाकर रखा जाए। अब थोड़े से धक्के से ही किताबें उलट जाएँगी और वह झटका एक तरफ से दूसरी तरफ तक पहुँचेगा। पहले चोट की मात्रा पाँच न होकर तीन होने से चोट दूर तक नहीं पहुँचती, अभी वह आसानी से पहुँचेगी। किताबों को उलटी दिशा में हिलाने से पाँच नंबर का धक्का देने से पहली किताब भी नहीं उलट पाएगी। धक्का अब दूर नहीं पहुँचेगा, मंजिल पथ जैसे एक बार में बंद हो गया है। इस उदाहरण से समझा जा सकता है कि तंत्रिका तंत्र के परमाणु दो प्रकार से सजाए जा सकते हैं—सम्मुख के आसपास इंद्रियों की अस्वीकार्य शक्ति इंद्रियों के लिए स्वीकार्य होगी; और 'विमुख' के आसपास बाहर की भीषण चोट से उत्तेजना अंदर नहीं पहुँच पाएगी।

परीक्षा

उत्तेजना प्रवाह को नियंत्रित करने की समस्या किस तरीके से पूर्ण करने में सफल हुई, यह विस्तार से समझाया है। इस बारे में जो सोच रहा हूँ, वह पहले प्रयोग के द्वारा साबित करना जरूरी है, लेकिन परमाणुओं के आसपास में किस तरह से सम्मुख या विमुख हो सकते हैं? इस तरीके से देखा जाता है कि विद्युत् प्रवाह एक तरफ प्रेरण करने से निकट चुंबक शाल घूम-घूमकर एकमुखी हो जाता है। विद्युत् प्रवाह दूसरी तरफ प्रेरण करने से घूमकर दूसरी तरफ हो जाता है। विद्युत् वाहन करनेवाले तरल पदार्थ में अंदर से अगर धारा भेजी जाती है तो

परमाणुओं को विचलित किया जा सकता है और परमाणुओं की व्यवस्था एक इलेक्ट्रिक प्रवाह की दिशा के अनुसार नियमित होती है। तंत्रिका तंत्र में इस तरीके से अलग-अलग परमाणुओं को व्यवस्थित किया जा सकता है। पहला प्रयोग लज्जावती को लेकर किया था। चोट की मात्रा ने इस तरीके से काम किया था कि लज्जावती वह अनुभव करने में समर्थ नहीं हुई। उसके बाद परमाण्विक पड़ोस को सम्मुख किया गया। वैसे ही चोट, जो लज्जावती कभी महसूस नहीं कर पाई, वह भी महसूस करने लगी और बहुत जोरों से पत्ता हिल उठा। इसके बाद परमाण्विक पड़ोस को विमुख किया। इस बार लज्जावती के ऊपर बहुत चोट पहुँचाने से भी लज्जावती उसके लिए कुछ भी प्रतिक्रिया नहीं कर पाई, पत्ते नहीं धड़के और उन्होंने लापरवाही व्यक्त की।

उसके बाद मेढक पकड़कर पहले की तरह प्रयोग किया। जो चोट मेढक ने कभी महसूस नहीं की, तंत्रिका ने सम्मुख परमाण्विक पड़ोस की अवस्था में अनुभव किया और शरीर काँप उठा। उसके बाद जले पर नमक छिड़का। इसके बाद मेढक तड़पने लगा। लेकिन जैसे ही परमाण्विक व्यवस्था को विमुख किया, वैसे ही दर्दनाक प्रवाह जैसे पथ के बीच में अटककर रुक गया और मेढक एक बार में ही शांत हो गया।

अतः देखा जा रहा है कि तंत्रिका तंत्र में उत्तेजना प्रवाह इच्छानुसार कम किया या बढ़ाया जाता है। यह कमी या बढ़ोतरी परमाण्विक पड़ोस के ऊपर निर्भर करती है। एक पड़ोस में उत्तेजना का प्रवाह बहुत गुना बढ़ता है और दूसरी तरह के पड़ोस में उत्तेजना का प्रवाह कम हो जाता है। यह भी देखा गया है, यह परमाण्विक व्यवस्था और उसके कारण उत्तेजना प्रवाह का कम या ज्यादा होना बाहर की स्थायी शक्ति के प्रयोग से सामान्य किया जा सकता है। यह कोई अचानक या दैवीय घटना नहीं है, बल्कि यह प्रयोगों से उपजे वैज्ञानिक तथ्य हैं। इसमें कारक-प्रभाव के रिश्तों को चुनौती नहीं दे सकते।

बाहर की शक्ति से जो घटित हुआ है, भीतर की शक्ति से वह अब बहुत समय बहकर संघटित होता है। बाहर की चोट से हाथ की पेशियाँ जैसे संकुचित होती हैं, अंदर की इच्छा से वह वैसे ही संकुचित होती है। इसके उलटे आदेश से वह हाथ धीमा हो जाता है। इससे देखा जाता है कि तंत्रिका तंत्र में परमाण्विक

व्यवस्था को इच्छाशक्ति के द्वारा सामान्य किया जा सकता है। तो भीतर की शक्ति बल से भी तंत्रिका तंत्र में उत्तेजना प्रवाह बढ़ता है या कम होता है। लेकिन इन दो प्रकार की परमाण्विक व्यवस्थाओं को इस्तेमाल करने की क्षमता बहुत दिनों की आदत और साधना से मिलती है। बच्चा पहले चल नहीं सकता, लेकिन बहुत दिनों की कोशिशों और आदत से उसका चलना-फिरना सामान्य हो जाता है।

अत: मनुष्य सिर्फ अदृश्य का नौकर नहीं है, उसके अंदर एक शक्ति सोई है, जिसके द्वारा वह बाहर के जगत् में बिना पक्षपात के हो सकता है। उसकी इच्छा के अनुसार बाहर और अंदर के प्रवेश द्वार कभी बंद तो कभी खुल सकते हैं। ऐसी शारीरिक और मानसिक कमजोरी के ऊपर वह विजय प्राप्त कर सकता है। जो ठीक से बातें सुन नहीं पाता है, वह सुन सकेगा तथा जो ठीक से देख नहीं सकता, वह देख सकेगा। दूसरे प्रकार में वह बाहर की सारी विभीषिका का अतीत होगा। अंदर के राज्य में खुद के बल से बाहर के तूफान के बीच भी अडिग रहेगा।

अंदर और बाहर

भीतर की शक्ति तो खुद की इच्छा है! लेकिन जीवन के किस भाग में शक्ति का जन्म हुआ है? सूखा पौधा जल के प्रवाह में बह जाता है। लेकिन जीव सिर्फ बाहर के प्रवाह से ही परिचालित नहीं होता, बल्कि लहरों की चोट से उत्तेजित होकर धरा के विरुद्ध तैर जाता है। किस स्तर में फिर यह समझने की शक्ति जाग उठती है? छोटे-से-छोटा जीव बिंदु कब बाहर की शक्ति स्वीकार करता है, कभी अंदर की शक्ति से उसको जवाब देता है। स्वीकार और अस्वीकार करने की क्षमता ही तो इच्छाशक्ति है।

भीतर की शक्ति किस रूप में जन्म लेती है? बाहर और अंदर की शक्ति एक बार में ही अलग है? पहले ही बोला है कि वन चांडाल पौधे के दो पत्ते अंदर की शक्ति से खुद से ही हिलने लगते हैं। लेकिन पेड़ को दो दिन अँधेरे में रखकर देखा कि दो पत्ते एकदम ही निश्चल हो गए हैं। इसका कारण यह है कि भीतर जो शक्ति जमा थी, वह अभी खत्म हो गई। अभी पत्ते के ऊपर थोड़े समय के लिए प्रकाश डालने से देखा जाता है कि पत्ता हिलकर प्रतिक्रिया दे रहा है; लेकिन प्रकाश बंद करने से ही पत्ते का स्पंदन रुक जाता है। इसके बाद बहुत

समय प्रकाश निक्षेप करने से एक अविश्वसनीय घटना घटती है। इस बार प्रकाश बंद करने के बाद भी पत्ते बहुत समय तक खुद से हिलने लगे, इससे ज्यादा चौंका देनेवाली बात क्या हो सकती है? देखने में आता है कि प्रकाश रूप में जो बाहर की शक्ति थी, पेड़ ने वह स्वीकार करके खुद की बना ली है और बाहर की जमा शक्ति ने अभी अंदर की शक्ति का रूप धारण किया है। अतः बाहर और अंदर की शक्ति असल में एक ही हैं। थोड़े अंतर ये हैं कि जो परदे के उस तरफ विपक्षी हैं, वही परदे के उस तरफ अपने हैं। और भी देखा जाता है कि ऐसे स्वतः स्पंदन की स्थिति में पत्ता बाहर की चोट से थोड़ा भी विचलित नहीं होता। वे बाहर की शक्ति से तटस्थ हैं, अर्थात् अंदर की शक्ति को प्रतिरोध करने में सफल हुए हैं। जब अंदर की जमापूँजी खत्म होगी, सिर्फ तभी स्वीकार करेगा और बाद में खुद की इच्छा से अस्वीकार करेगा। जीवन के किस स्तर में फिर अंदर की शक्ति और इच्छाशक्ति का जन्म हुआ है?

जन्म के समय थोड़ा और असहाय होकर इस शक्ति सागर में आया था। तब बाहर की शक्ति अंदर प्रवेश करके मेरे शरीर को ललित और वर्धित करती थी। माँ के दूध के साथ प्यार, माया, ममता अंदर प्रवेश करती थी और दोस्तों के प्यार से जीवन उत्साहपूर्ण हुआ। खराब समय में बाहर की चोट से अंदर में शक्ति जमा हुई है और उसके बल पर ही बाहर के साथ लड़ने में सक्षम हुआ हूँ।

इसमें मेरा खुद का क्या है? इस सबके मूल में मैं हूँ या तुम?

एक के जीवन के उच्छ्वास में तुमने दूसरे के जीवन को पूर्ण किया है। बहुत लोगों ने तुम्हारे निर्देश में ज्ञान की खोज में जीवन को कुरबान किया है, मानव के कल्याण के लिए राज्य संपदा छोड़कर दुःख, गरीबी को अपना लिया है और देश सेवा में बेझिझक बाध्य आँच में चढ़ रहा है। उस जीवन की बिखरी शक्ति दूसरे जीवन, ज्ञान और धर्म में, शौर्य और वीर्य में बसी हैं।

बाहर और अंदर की शक्ति के संग्राम में ही जीवन विविध रूप से प्रस्फुटित हुआ है। सबके मूल में एक ही महाशक्ति है, जिसके द्वारा अजीब और सजीव, परमाणु और ब्रह्मांड अनुप्राणित है। उस शक्ति के उच्छ्वास से ही जीवन की अभिव्यक्ति है। उस शक्ति से ही मानव दानवत्व को पराजित करके देवत्व में उन्नति होती है।

□

हाजिर! (वर्तमान)

अचानक चीख से किसी ने जवाब दिया—हाजिर! किसी को बुलाते नहीं सुना, इसलिए बहुत ही करुण और भक्ति उत्साह के स्वर में जवाब सुना—क्या आ गया प्रभु? तुम्हारे प्रभु कौन हैं, किसके हुकुम में तुम ऐसे उत्साहित हुए?

क्या आचार्य! एक ही बात में जीवन की सारी परतें हिल उठीं। सोई हुई यादें जाग उठीं—जो न सुना जाता था, वह सुनाई देता है; जो बुद्धि से अप्राप्य था, आज वह अर्थपूर्ण है।

अब समझ में आ रहा है, बाहर के साथ-साथ अंदर से आदेश आते हैं। मानता था कि मेरी इच्छा से ही सब हुआ है। मैं क्या एक हूँ? थोड़ा मन स्थिर करने से ही दोनों के बीच में हमेशा बात चल रही है यह सुन पाता हूँ। ये ही हमें चला रहे हैं। इनके बीच कुमति तो मैं हूँ, सुमति फिर कौन है?

इस बारे में 27 साल पहले की कुछ घटना याद आ रही है। कभी लिखना नहीं सीखा, लेकिन अंदर से किसी ने मुझसे लिखवाना शुरू किया। उसके अज्ञात में अंतरिक्ष स्पंदन और अदृश्य प्रकाश के विषय में लिखा, बाद में लिखा—'पौधों का जीवन मानव जीवन की परछाईं है।' पहले जीवन के संबंध में ज्यादा कुछ नहीं जानता था। किसके आदेश में यह लिखा? लिखकर भी छुटकारा नहीं मिला। भीतर से कोई आलोचक होकर बोलने लगा, 'इतना जो कथा-रचना की, परीक्षण करके देखा है क्या? इसमें कौन सा सच है, कौन झूठ?' जवाब मिला, 'जिस विषय में खोज करने में बड़े-बड़े विद्वान् हार मान गए, मैं वह सब कैसे निर्णय करूँगा? उनके अनगिनत कल-कारखाने और प्रयोगशालाएँ हैं! यहाँ

उसका कुछ भी नहीं, असंभव को कैसे संभव करूँ?' इसमें भी आलोचकों की बातें नहीं रुकीं। इसलिए लोहार से तीन महीने में एक यंत्र का सृजन किया, उससे जो भी अद्‌भुत सिद्धांतों की खोज हुई, वह मेरी बात तो दूर है, विदेश में भी वैज्ञानिकों को चौंका दिया।

कुछ दिनों के अंदर ही इस बारे में प्रसिद्धि हुई और विदेश के संवर्धन-सभा में निमंत्रित किया गया। प्रसिद्ध वैज्ञानिक विलियम रामसे ने बहुत अच्छी बात की, बाद में बोले, "किसी-किसी को लग सकता है कि अभी से भारत का नया ज्ञानयुग शुरू हुआ है, लेकिन एक कोयल की ध्वनि बसंत का आगमन मान लेना तार्किक नहीं है।" उस दिन शायद मेरे ऊपर कुमति का ही प्रभाव रहा होगा, क्योंकि घमंड के साथ जवाब दे रहा था, "बोला था, आप लोगों को आकांक्षा करने की कोई जरूरत नहीं है, मैं दृढ़ता से बोल रहा हूँ, जल्दी भारत में विज्ञान के क्षेत्र में सौ कोयल बसंत के आविर्भाव की घोषणा करेंगी।" अभी वे दिन आए हैं, जो कुमति मानकर डर गया था, अभी देख रहा हूँ, वही सुमति है। तब का शुभ लगना, पाँच साल तक अपराजित रहना था। एक दिन के बाद और एक दिन और उज्ज्वल होने लगा तथा सामने के सारे रास्ते ही खुल गए।

ऐसे समय में जो आदेश आया, उसमें आसान रास्ता छोड़कर कठिन रास्ते को स्वीकार करना पड़ा। तब बेतार की मशीन को लेकर प्रयोग कर रहा था। देख पा रहा था, मशीन की प्रतिक्रिया पहले ज्यादा हुई, उसके बाद मृदु होकर लुप्त हो जाती है। वैज्ञानिक लेख में लिखा था—"दिन की शुरुआत में ही प्रयोग करना बेहतर है, क्योंकि सारे दिन के प्रयोग से मशीन थक जाती है।" उस समय के आलोचक बोल उठे—"मशीन क्या इनसान है, जो थक जाएगी?"

मशीनों में क्यों थकावट होती है? यह सवाल किसी भी तरह टल नहीं पाया। बहुत सारे आविष्कार सिर्फ लिखे जाने के इंतजार में हैं। वह सब छोड़ करके नए प्रश्न का उत्तर ढूँढ़ने में लग पड़ा। धीमे देख पाया कि जीवनहीन धातु भी उत्तेजित होती है और अवसाद में डूबती है। उत्तेजना रुक जाने से थोड़े समय में थकावट दूर हो जाती है। पौधों में यह सब प्रक्रिया अधिक रूप से पुष्पित होती है। इस रूप में बहुतों में एकता का संधान पाया।

जीवविज्ञान के हाथों में यह सब नए सिद्धांत रखकर भौतिकी के विषय में खोज करने के लिए लौट आऊँगा, ऐसा सोचा था। लेकिन जो सोचा था, उसका उलटा हो गया। रॉयल सोसाइटी में सारे प्रयोगों को दिखाया था; प्रमुख जीवविज्ञानी बार्डन सैंडरसन ने कहा, "जीवन के सिद्धांत लेकर आपने जो परीक्षण किए हैं, उस संबंध में हमारी कोशिश अतीत में भी निष्फल हुई है, सो आपकी बात असंभव और अस्वीकार्य हैं। इस शास्त्र में आपकी अनधिकार चर्चा हुई है। आपने भौतिकी में प्रसिद्धि हासिल की है, आपके सामने उस प्रशांत पथ में अनेक उपलब्धियाँ हैं। आप अनजाने पथ से हट जाएँ। तब कुमति के प्रभाव से बोला, "नहीं छोड़ूँगा, यह धूल धूसरित पथ ही मेरा है। आज से सिद्ध रास्ता छोड़ दिया।" आज जो अस्वीकार हुआ है, वह ही सत्य है। इच्छा से या अनिच्छा से उस सब को स्वीकार करना पड़ेगा।

यह मेरी दुर्मति का फल फलने में ज्यादा समय नहीं लगा। सब दिशाओं का रास्ता एकदम बंद हो गया और सारा प्रकाश कैसे मंद हो गया, लेकिन इसके बाद से अंतर्मन का मृदु प्रकाश और पल्लवित होने लगा। प्रखर प्रकाश जो देख नहीं पाया, अभी वह देख पाया। आशा और निराशा से परे इस तरह बीस साल कट गए।

एक साल पहले जैसे आदेश सुन पाया था, "विदेश जाओ।" विदेश यात्रा! वहाँ मेरी बात कौन सुनेगा? अब और कठोर आवाज सुनी, "मेरा नाम है 'हुकुम', तुम्हारा नाम तमिल! मुनाफा-मुनाफा बोलनेवाले तुम कौन हो?" आ गया, सिर झुकाकर मान लिया।

उसके बाद सभी दिशाओं के बंद दरवाजे एक बार में खुल गए। किसके हुकुम से यह हुआ? क्या यह सपना है? विपक्ष में जो थे, अभी वे ही परम मित्र हो गए। जिन्हें कभी अस्वीकार किया गया था, अभी वे हर जगह स्वीकार्य हैं। बीस साल पहले जिसे कुमति माना था, फिर से देख पाया कि वह सुमति है।

अतः कौन सी सुमति है और कौन सी कुमति, यह नहीं जानता। कौन सा बड़ा और कौन सा छोटा है, यह मन नहीं जानता। अच्छे दिन की बड़ी सफलता भूलकर खराब दिन की असफलता ही याद आती है। तब हर जगह अस्वीकार हुआ था, सिर्फ दो-एक लोगों का बिना शर्त प्यार मुझे ढककर सुरक्षित रखता

था। आज वे लोग अँधेरे परदे के दूसरे किनारे पर हैं। अस्पष्ट रोने की आवाज क्या वहाँ तक पहुँचती है ?

जीवन जब पूर्ण शक्ति, तब कोलाहल के बीच तुम्हारा निर्देश साफ सुन नहीं पाता था। अभी सुन पा रहा हूँ, लेकिन सब शक्ति निर्जीव होकर आ रही है। एक दिन तुम्हारे हुकुम में बीच का परदा अलग हो जाएगा, मिट्टी से कूदकर या ठाँव धूल बनकर गिरी रहेगी। क्या लेकर फिर तुम्हारे पास उपस्थित होऊँगा ? थोड़ी ही उसकी स्वीकृति है, अनगिनत उसकी दुष्कृति है। लेकिन बोलने को क्या है ? कौन सी सुमति और कौन सी कुमति है, इस झिझक में ही जीवन काटा है। साक्षात् होनेवाली बात अब और कुछ नहीं है, अब तुम्हारे पैरों के नीचे लेटा हुआ मैं सिर्फ बोलूँगा—"कैदी हाजिर !"

□

छात्र समाज के प्रति

छात्र समाज के सभ्यजन,

आपके सादर संभाषण में खुद को अनुगृहीत मानता हूँ। आप मुझे एकांत ज्ञानवान और बूढ़ा मानते हैं। हालाँकि वास्तव में बीमारियों ने सिर्फ मेरे बाहरी ढाँचे को प्रभावित किया है, लेकिन उसका भाव अंदर तक प्रवेश नहीं कर पाया। अभी भी मैं आप लोगों की तरह छात्र और शिक्षार्थी हूँ। अभी भी स्कूल जाने की पुरानी गली में पहुँचने से यादें ताजा होकर आश्चर्यचकित होता हूँ। मेरे बचपन के शिक्षकों को देखकर अभी भी हृदय अनंत भक्तिप्रभ होकर उत्साहित होता है। लेकिन आप लोगों से ज्यादा शिक्षा के लिए समय मिला है, बहुत गलतियाँ सुधार सका हूँ और बहुत बार रास्ता भटककर अंत में मंजिल के लिए रास्ते की खोज की है। आज अगर कोई गलती या कोई कमजोरी के बिरुद्ध कठिन भाषा इस्तेमाल करता हूँ तो याद रखना कि उन सब लाठियों की मार से कभी खुद को अलग नहीं किया। कुसुम शैया में सोए रहने का समय चला गया है, काँटों के बिस्तर ही अभी हमें जगाए रखेंगे। अभी हमारे देश में सामान्यत: दो तरह के उपदेश देनेवाले देखने को मिलते हैं। कोई हमारी राष्ट्रीय कमजोरी की बहुत भीषण छवि प्रस्तुत करता है, जिस देश में ऐसा जातिभेद और गुटबाजी हो, जिस देश में दासत्वसुलभ अनेक दोष हों, जिस देश में एक-दूसरे के बीच में इतनी हिंसा और दूसरों के ऊपर इतना निर्भर होना दिखता हो, उस देश में क्या कभी प्रगति हो सकती है? आश्चर्य की बात है कि ऐसी भविष्यवाणी के बाद उनकी नींद में कोई खलल नहीं होता। अगर सच में समझ गए हो कि इस देश में खराब समय आ रहा है तो क्यों दृढ़ संकल्प लेकर उसको रोकने की कोशिश

नहीं करते हो। मैं देखता हूँ कि विद्यार्थियों के बीच में हमारे नेता लोगों ने क्यों ऐसे काम किए, क्यों ये काम नहीं किए, इस विषय में बात करते ही समय चला जाता है; इसको सुलझानेवाला मैं कौन होता हूँ, जैसे विषय अधिक हैं; मैं क्या कर सकता हूँ, सिर्फ यह ही मेरा सोचने का विषय है।

फिर दूसरी तरफ एक समुदाय है, जो अतीत की बातों को लेकर वर्तमान को भी भूल जाते हैं। ज्ञान-विज्ञान में हमारे पूर्वजों में कुछ भी अज्ञात नहीं था। हमारे पुरा-समृद्धि अगर इतनी ही महान् है तो हमारे पतन का कारण क्या है? इसके प्रति विधान क्या नहीं है? हम अगर उस महान् पूर्वजों की वसंत के बाद की पीढ़ियाँ हैं तो हम कोई संदेहों के अलावा पूर्व गौरव हासिल कर सकेंगे-ही-सकेंगे।

विश्व भर में घूमने की वजह से मैंने दो तरीके के चरित्र लक्ष्य किए हैं। एक प्रकार का चरित्र है, जो पिछले दिनों की यादें लेकर झूठे गर्व में खोए हुए हैं। विश्व ठहरा हुआ नहीं है, यह हमेशा परिवर्तित हो रहा है, एक बात उनकी समझ में नहीं आती, यह सब धर्म से प्रभावित जाति का चिह्न तक पृथ्वी से मिट रहा है। मिस्र, अश्रिय और बेबीलोन—इनकी यादें छोड़कर के और क्या है? चीन देश में भ्रमण के समय वहाँ के कुछ प्रसिद्ध विद्वानों के साथ में परिचय हुआ, तब जापान मंगोलिया को हड़पने की फिराक में था। मैंने अपने चीनी दोस्त से पूछा, 'आप कैसे चीन में स्वतंत्रता की रक्षा के लिए संघर्ष करोगे?" तब वे बोले, "चीन देश की तरह, जो देश कल से समाज के प्रमुख पदों पर अधिकार जमाकर बैठ गए हैं, उस देश को कुछ दिनों पहले का जापान थोड़े ही हरा पाएगा! इसके उलट हमारी सभ्यता ही जापान को हराएगी।" ये सब बातें सुनकर समझ में आया कि बहुत जल्द चीन के सौभाग्यशाली आकर्षण का सूरज डूबनेवाला है।

दूसरी तरफ उनके शत्रु जापान के लोग पुरानी बातें कह-सुनकर समय नहीं बेकार करते। वर्तमान और भविष्य को लेकर वे बहुत व्यस्त हैं। उनके निकट सुना है कि मानव समाज का नियम और हाइड्रोस्टेटिक दबाव का नियम एक ही है। जिस स्थान पर दाब अधिक होता है, उस स्थान से कम दाब के क्षेत्र की तरह पानी बहता है। जीवन का प्रवाह भी सजीव और निर्जीव की दिशा में ही है। विश्व में सजीव ही निर्जीव की जगह ले लेगा।

उस जापान में ही खोजकर जान पाया कि विद्या में भारतीय छात्र वहाँ के विश्वविद्यालय में जापानियों से भी उच्च स्थान रखते हैं। विद्या बुद्धि की कमी नहीं है, फिर भी हमारी इतनी खराब अवस्था क्यों है?

आज मैं तीस साल से शिक्षण कार्य कर रहा हूँ। इसके बीच काम करके दस हजार छात्रों के साथ मेरा परिचय हुआ है। उनके चरित्र में क्या-क्या गुण हैं, यह मैं जानता हूँ और क्या-क्या कमजोरियाँ हैं, वह भी जान पाया हूँ। मुख्यत: उनका स्वभाव बड़ा कोमल है, सामान्यत: वे बहुत अच्छे मानुष हैं, एक बार रास्ता दिखा देने पर बहुत लोग ही उसका अनुकरण कर सकते हैं। जैसेकि बाढ़ मलेरिया और ऐसी दुर्घटना के समय में छात्रों के बीच में एक अद्‌भुत काम करने का उत्साह देखा जाता है। इतने सारे लड़के कितने अच्छे तरीके से खुद को संगठित करते हैं। बातों में समय नष्ट न करके सुंदर तरीके से लोक सेवा कर रहे हैं। ऐसे व्यवहार करने की क्षमता, इतना धैर्य, इतना कष्ट सहने की क्षमता, ऐसी असंतुष्टि की कमी सामान्यत: नहीं दिखती। मैंने जिन सब गुणों के बारे में व्याख्या की, वे सब पुरुषों में लगभग नहीं दिखते हैं, सामान्यत: नारी जाति इन सब महान् गुणों की अधिकारिणी होती हैं। इसके विपरीत केंद्र में कौन-कौन से पुरुष दिखते हैं, जिनका चरित्र पूरी तरह से अलग प्रकार का है। उनमें धैर्य और सहनशीलता एकदम ही नहीं है, ये कुछ भी मानने के लिए राजी नहीं होते हमेशा असंतुष्ट रहते हैं, वे दुर्जय क्रोध से भरे है; इन सब लोगों की राष्ट्रीय जीवन में जगह कहाँ है? मैं इस प्रकार के एक जन को जानता था, वह हैं हमेशा के लिए याद रखनेवाले ईश्वर चंद्र विद्यासागर। समाज के क्रूर नियमों के विरुद्ध उनका क्रोध हमेशा जागा रहता था। आश्चर्य है कि इस क्रोध में ममता बहुत समय एक ही तरफ देखने को मिलती है। विद्यासागर की तरह कोमल हृदय और कहाँ देखने को मिलते हैं? वे कोई भी नियम यूँ ही मान नहीं लेते थे, असीम शक्ति बल से वे अकेले ही समाज का कठिन अनुशासन तोड़ने में समर्थ हुए थे।

इस प्रकार के योग्य और क्रोध पर विजय पा चुके लोग कभी-कभी जन्म लेते हैं। उनका जीवन निष्फलता में ही डूब जाता है। उनमें धैर्य नहीं है, उनमें सहनशीलता नहीं है, देश में फैले हुए रोग की सेवा और देखभाल? पीड़ा का अंत नहीं है, सेवा का भी अंत नहीं है, इस तरह कितना चलेगा? इसका कोई

समाधान नहीं है ? किस तरीके से मलेरिया देश से दूर किया जा सकता है ? इस घने जंगल और छोटे गड्ढे के बीच मानुष कैसे बच सकता है ? इसका प्रतिकार जरूर होगा।

इसको छोड़कर भी सौ-सौ काम हैं, जैसे—जनसाधारण के लिए शिक्षा का प्रचार, उद्योग और विज्ञान की उन्नति, देश-विदेश में भारत की महिमा वृद्धि। दुर्बल, भले मानुष से यह नहीं होगा। यह सब करने के लिए विक्रमशील पुरुष की आवश्यकता है, उनकी पूर्ण शक्ति के आक्रमण से हर रुकावट शून्य में मिल जाएगी।

जिस शक्ति की कोख में हम इतने दिन बिना कोशिश के सोए हुए जीवन काट रहे हैं, जगत् से वह शक्ति निकल गई है। शांति किसी जाति के बाप की सनातन संपत्ति नहीं है; बल से, शक्ति से जीवन द्वारा शांति को इकट्ठा करना और उसकी रक्षा करनी पड़ती है।

बलयुक्त हो, शक्तिमान हो और तुम्हारी शक्ति देश तथा दुर्बल की सेवा में नियोजित हो··· !